Hi! Story

王族

#【出版說明】

在文字出現以前，知識的傳遞方式主要就是語言，靠口耳相傳的方式記錄歷史與情感表達。人類的生活經歷、生命情感也依靠著「說故事」來「記錄」。是即人們口中常說的「傳說時代」。然而文字的出現讓「故事」不僅能夠分享，還能記錄，還能更好、更廣泛地保留、積累和傳承。

《史記》「紀傳體」這個體裁的出現，讓「信史」有了依託，讓「故事」有了新的準則：文詞精鍊，詞彙豐富，語言精切淺白；豐富的思想內容，不虛美、不隱惡。選擇人物一生中最有典型意義的事件，來突出人物的性格特徵，以對事件的細節描寫烘托人物的情感表現，用符合人物身份的語言，表現人物的神情態度、愛好取捨。生動、雋永而又情味盎然。

「故事」中的人物和事件，從來就是人類的「熱門話題」。她是茶餘飯後的趣味談資，是小說家的鮮活素材，是政治學、人類學、社會學等取之無盡、用之不竭的研究依據和事實佐證。

中國歷史上下五千年，人物眾多，事件繁複，神話傳說與歷史事實並存，正史與野史交錯互映，頭緒繁多，內容龐雜，可謂浩如煙海、精彩紛呈，展現了中華文化的源遠流長與博大精深。讓「故事」的題材取之不盡，用之不竭。而其深厚的文化底蘊如何呈現，怎樣傳承，使之重光，無疑成為《嗨！有趣的故事》出版的緣起與意趣。

《嗨！有趣的故事》秉持典籍史料所承載的歷史精神，力圖反映歷史的精彩與真實。深入淺出的文字使「故事」更為生動，更為循循善誘、發人深思。

《嗨！有趣的故事》以蘊含了或高亢激昂或哀婉悲痛的歷史現場，以對古往今來無數先賢英烈的思想、事蹟和他們事業成就的鮮活呈現，於協助讀者不斷豐富歷史視域和深度思考的同時，不斷獲得人生啟迪和現實思考、並從中汲取力量，豐富精神世界，在實現自我人生價值和彰顯時代精神的大道上，毅勇精進，不斷提升。

【導讀】

蘇武的故事，頗具傳奇色彩。他受命出使匈奴，因部下參與匈奴內訌，受到牽連被囚禁。匈奴屢屢威逼利誘他投降，但均遭拒絕，於是將他放逐於荒無人煙的北海牧羊。他在北海苦熬十九年，每日手持旄節，意在表明人與旄節不倒，便會堅守使命，捍衛了大漢王朝的尊嚴。後來在常惠等人的努力下，蘇武終於脫離苦海，回到長安。

在被放逐的十九年中，蘇武的內心忍受著難以想像的煎熬。匈奴為了摧毀他的意志，曾數次中斷他的糧食供給，他只能靠吃積雪、氈毛、野鼠以及鼠洞中的草籽等度日。因為他的衣衫愈來愈破，冬天一年比一年難熬，蘇武將獵捕來的野獸剝下皮子，製成獸皮衣服，裹在身上禦寒。他無時無刻不在與飢餓、寒冷、孤獨和絕望抗爭。

在這十九年中，蘇武以其堅韌勇毅的個性，從未放棄內心的信念，始終不辱使命。他的故事流傳千年，激勵了一代又一代的中國人。

目錄

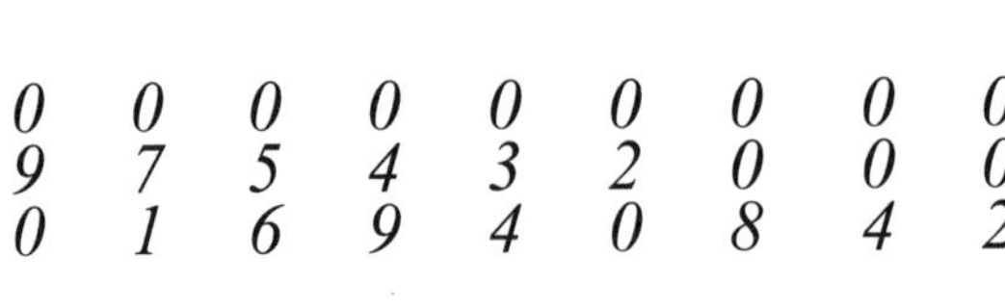

蘇武生平簡表

奉命出使

接到聖旨的那天，蘇武還不知道，自己後半輩子的命運，已悄然發生了變化。

那是天漢元年（前一〇〇年），朝廷命他出使匈奴。

蘇武此時已經四十歲了。他的職務，是皇宮中的移中廄監（漢初官名。掌管鞍馬鷹犬射獵等物。因馬廄在移園中，故稱移中），也就是替皇帝掌管馬廄的官。當了這個移中廄監，蘇武很快學會了飼養馬匹和鷹犬，還學會了修理馬鞍和弓箭等等的技能。

蘇武的出身不錯，其父蘇建曾功封平陵侯，官至代郡太守。

蘇建初以校尉隨衛青出征匈奴，有功，封平陵侯，食邑一千一百戶，以將軍築朔方。

漢制規定，凡職位在二千石以上的官員，任職三年之後，可以保舉兒子或同胞兄弟一人為郎官。郎官一職雖然較小，但很重要，能在皇帝身邊當護衛。所以，但凡為郎官，日後有很大機會飛黃騰達。

蘇武是贏在起跑線上的官家子弟，他和哥哥蘇嘉、弟弟蘇賢，先後受父親蘇建保舉，順利入朝為郎官。

蘇武為人沉著冷靜，處事嚴謹認真，什麼該說該做，什麼不該說不該做，他都心中有數。因此，這樣的沉著守份的個性，給漢武帝留下不錯的印象。

劉邦滅秦建立漢朝以後，國家北境不寧，常遭北方游牧民族匈奴的侵擾，邊民屢遭塗炭。匈奴甚至一度佔領了河套地區、河西走廊及祁連山一帶，嚴重威脅著長安及中原腹地的安全，成為西漢王朝的心腹之患。經過文、景二帝治理，至武帝劉徹時，國勢強盛起來，以其武略雄韜，數次大敗匈奴，殺傷其生力軍，奪回了河西走廊，驅逐其至大漠以北，才使北境烽火暫息，爭端銳減。

天漢元年（前一〇〇年）的一天，匈奴的一位使者來訪，向漢武帝傳達了匈奴的且鞮侯單于（單于，匈奴首領，意為像天一樣廣大）想與漢朝結好的意願。此前，匈奴一直對漢朝虎視眈眈，雖然自高祖劉邦開始，就實行將漢朝公主（包括劉姓家族的女兒）嫁給匈奴單于的和親政策，且經常贈送貴重財物，然而匈奴歷代單于都喜怒無常、言而無信，往往在接收禮物後不久便發兵滋擾邊關，尤其到了秋高馬肥之際，他們便南下劫掠，將中原搞得雞犬不寧。

太初四年（公元前一〇一年）冬，匈奴呴犁湖單于死，其弟且鞮侯成為單于，因為在匈奴中勢力尚未穩固，所以決定對外先與漢修好，他遣使送回以往扣留的漢使路充國等人，展現和好的善意。

如今新任匈奴單于的且鞮侯，既然表達出希望和平的意願，這讓漢武帝很高興，馬上決定派使團出使匈奴。

漢武帝考慮使團負責人時，想到了蘇武，這個平常隨侍在身邊的人，他老成持重對於事情處理得有條不紊，有一種沉著的堅毅性格，覺得他是再合適不過的人選。於是，漢武帝便拜蘇武為中郎將，命他帶領使團出使匈奴。

一般人在升職前多多少少會聽到一些消息，但蘇武一點也不知道自己即將成為中郎將。聽到消息後，蘇武既驚又喜，感激不已，他不曾想過自己一個沒沒無聞的郎官可以受到武帝的青睞，暗下決心一定要完成好這個任務，以回報皇恩。

其實，匈奴的結好請求，不過是且鞮侯單于為改善匈奴處境的一種策略。當時，漢朝貳師將軍李廣利出征，滅大宛，威震西域，西域諸國紛紛遣使獻貢，表示臣服。此時且鞮侯初立為單于，不得不考慮自身處境。他思前想後，決定遣使訪漢，並認漢朝皇帝為長輩。且鞮侯單于的做法，與漢朝多年來對匈奴實行的和親政策有很大關係。

漢朝前前後後有不少公主嫁給匈奴單于。公主們生下的兒子，既是匈奴貴族，又自然而然親近漢朝，將漢朝劉氏皇族視為親戚，將劉姓視為貴族姓氏，以至於很多年後匈奴內部分裂，一部份匈奴人進入中原，與漢族人融合後，紛紛用重金向劉姓人家買姓。因為有如此背景，匈奴主動與漢朝結好時，便將漢室視為長輩。

且鞮侯單于主動示好的最大原因，是李廣利當時在西域打出了威風，讓西域諸國聞之膽寒，害怕漢朝軍隊的長矛利劍會指向他們，對於自己剛上位不久，要應付一場大型的征戰仍是一個太大的風險。

太初二年（前一〇三年），漢朝浞野侯趙破奴率領的兩萬大軍被匈奴擊敗，趙破奴亦成為俘虜。朝中有人建議，讓正在西域征戰的李廣利放棄攻打大宛，以防陷入困境。但這件事反而刺激了漢武帝，他下令將囚徒、地痞、惡霸等，統一調到軍中，使李廣利的征討軍隊增加了六萬多人。同時，他又下令將全國所有犯罪的官吏、逃亡者、入贅婦家為婿者、商人、原屬商人戶籍者、父母或祖父母屬商人戶籍者，一律派去服兵役，給攻打大宛城的漢軍運送糧草。

有了充足的兵源保障，李廣利的三萬先頭部隊直抵大宛，迅速切斷了城外水源，同時挖地道，殺進了大宛城。大宛國貴族對李廣利的大軍深為恐懼，認為是大宛國王毋寡吝惜汗血寶馬，殺了漢朝來大宛求馬的使者，才給大宛國引來了災禍。

於是他們殺了大宛國王毋寡，給李廣利獻上了汗血寶馬。相鄰的康居國，本想援助大宛國，但懾於李廣利的大軍之威，就沒有出兵。這件事讓剛即位的且鞮侯單于很害怕，他擔心漢朝軍隊掉轉方向來攻擊匈奴。所以他有意交好漢室，為自己贏得喘息的機會。

此外，匈奴使者還帶來一個重要消息，要將之前扣留的郭吉、路充國等十餘批漢朝使者，悉數送還漢朝。

包括漢武帝在內的所有人，都認為且鞮侯單于誠心誠意，便決定讓蘇武把扣押在漢的匈奴使者也送回去。古人歷來講究「來而不往非禮也」，大漢王朝在這件事上也不能顯得小氣，不展現大漢氣度。

很快，蘇武帶著大漢王朝預備送給且鞮侯單于的大批禮物，率領使團，踏上出使匈奴的征途。從長安出發的蘇武，身著中郎將官服，手持旄節，氣度不凡。旄節是使臣所持信物，「編毛為之，以象竹節」，一則代表朝廷，二則表明他們的身份。

此次出使，朝廷給蘇武配備了兩位副手，一位是副中郎將張勝，另一位是臨時委派的使臣屬官常惠，加上隨從、士卒、記錄官、醫生、偵察人員、翻譯、伙夫等，計一百餘人，隨蘇武一同前往匈奴。

蘇武一行千里迢迢，跋山涉水，到了匈奴王庭。

王庭是匈奴人政治活動的中心，王庭得以瞭解治下百姓的狀況，最終目的就是徵稅，他們每年春季都要聚集於此，舉行龍城大會，祈禱一年馬肥羊壯，獵物豐碩，人人遠離瘟疫。

每日清晨，單于都會走出王庭，跪拜初升的太陽，到天黑則跪拜月亮。

且鞮侯當上單于的過程頗為曲折。他是伊稚斜單于的第三個兒子，前面兩個哥哥分別是烏維和呴犁湖。伊稚斜死後，烏維順理成章當上了單于，但是僅過十年便病死。其子詹師廬年幼，但按照匈奴規矩，仍被扶上了單于的寶座。詹師廬在歷史上被稱為兒單于，雖然年少，卻好殺伐，讓匈奴諸部落很是不安。過了三年，詹師廬單于又一命嗚呼，他的叔父呴犁湖繼任。但呴犁湖僅僅當了一年單于便去世。之後，且鞮侯終於當上了匈奴單于。

蘇武一行到達後，見到單于，先將護送的匈奴使者交還，並說希望盡快見到漢朝使者郭吉等人。

此時的且鞮侯單于卻面無表情。

蘇武感到意外，他猜測也許匈奴人遇事不輕易表露喜樂或憂憤。接著，他將禮品一一呈送，稱是大漢皇帝親自安排挑選，代表大漢王朝的心意。

且鞮侯單于仍然默不作聲。

蘇武這時強烈地感覺到，這是且鞮侯有意為之，故意在給他們臉色看。那一刻，先前他對匈奴和平的希望，頓時化為烏有，隨之而來的是擔憂。

為了緩和氣氛，蘇武主動向且鞮侯單于介紹漢朝的情況。然而讓人意想不到的是，且鞮侯單于卻突然指責漢朝扣押匈奴使者，是對匈奴的極大汙辱，匈奴在這件事上如不報仇，就是在草原上抬不起頭的狼，在沙漠中奔跑不起來的駿馬。他愈說愈憤怒，以至於控制不住情緒，將几案拍得啪一聲響亮，就連身上的徑路刀（匈奴的短刀）也發出了顫響。

看到且鞮侯單于的態度如此激烈，口氣如此狂妄，蘇武沉默了沒有說話，只是將手中的旄節挺了挺，表明擺在他面前的事情，並非圖一時口舌之快就能解決。蘇武暗想，漢廷已將匈奴使者如數送回，如果且鞮侯單于失信，那就是向大漢王朝挑戰。堂堂大漢王朝，兵多將廣，豈能任由他戲弄？

但一臉傲慢的且鞮侯單于，隻字不提先前對漢朝的示好，以及歸還被扣押的漢朝使者之事。

且鞮侯單于為何會如此驕慢無禮？

蘇武翻來覆去地想，推測原因大概有兩個。其一，他當初主動向漢朝示好，其實是用緩兵之計度過難關。現在，他地位已穩，覺得沒必要在漢朝面前低聲下氣了。

其二，匈奴的處事方式乃至倫理道德與漢朝截然不同。他們打仗時不以失敗為恥，一旦打不過轉身就跑；他們不尊老，好的食物都要先讓年輕人吃，而年邁者只能吃殘羹剩飯；父親去世則兒子娶後母，哥哥去世則弟弟娶嫂子……凡此種種，在漢人看來，簡直不可想像，可以用野蠻來形容。且鞮侯單于極有可能根本不把說過的話當回事，這種反覆不定的性格也是匈奴很大的特色。

蘇武覺得自己像是行走在懸崖邊緣，稍有不慎便萬劫不復，這是最考驗他的意志與智慧的時刻。沉默了一會兒，蘇武深鞠一躬說：「單于，還望遵照約定，盡早歸還被扣押的漢使。」

且鞮侯單于愈發倨傲，言語中明顯流露出對漢廷的不屑，他說：「一邊是羊，一邊是狼，羊生來就是要被狼吃的，狼今日不吃，是想等羊長得肥壯了再吃。」

且鞮侯如此狂妄的話語，完全出乎蘇武的意料。蘇武穩了穩心神，決定暫且不與他爭辯了。

蘇武出使匈奴之前，漢朝與匈奴的關係持續緊張。漢朝一直想追擊匈奴，將其趕進大漠深處。李廣、韓安國、公孫賀、公孫敖、王恢、衛青、霍去病、趙破奴、李廣利等人，先後率兵出征，打得匈奴難有立足之地，經常處於流離之中。而匈奴不論身處怎樣的環境，都時刻覬覦著財富遍地的漢地，對漢朝肥沃的土地、精美的器物垂涎三尺。

在此背景下出使的蘇武，可想而知心理壓力有多大。如何圓滿完成皇上交代的任務，是蘇武每時每刻都在深思的問題。

蘇武心裏明白：以自己及使團之能力，是很難改變大漢與匈奴關係的。此次出使，只要順利把扣留匈奴的漢朝人護送回去，就算完成了任務。

蘇武不再與且鞮侯單于爭辯。

且鞮侯單于因為圖口舌之快發洩了一通，已感口乾舌燥，喝了一口奶茶，冷冷地說：「我會派人護送你們回去的。」蘇武懸著的一顆心終於落了下來。

無辜牽連

且鞮侯單于將扣押的漢朝使者交給蘇武，打算送蘇武一行返回。就在這個節骨眼上，發生了一件出人意表的事情——使節團的副使，也就是出使之前被授予副中郎將的張勝，陷入了匈奴的一場內訌，惹上了麻煩。

匈奴內訌的事情，說來頗為複雜。

使團到達匈奴王庭後，正巧碰上緱王與虞常等人在匈奴內部密謀起事。這次叛亂在整個漢朝使團中只有張勝一人知悉詳情，蘇武則全然不知。

緱王是匈奴渾邪王姊姊的兒子。按說，他作為匈奴貴族，本應一心為匈奴做事才對，但因為與渾邪王關係親近，受其影響，在渾邪王投降漢朝時，也隨他歸附了漢朝。

而後，匈奴貴族左大都尉也欲降漢，並計畫在投降前刺殺單于。漢武帝對此事頗為謹慎，派緱王跟隨浞野侯趙破奴率軍出發，正面出擊匈奴，為左大都尉在內部創造機會，確保刺殺成功。

漢武帝之所以對緱王委以重任，是因為緱王熟悉匈奴情況，便於伺機而動。但匈奴方面早已得到消息，及時發兵改打趙破奴，導致左大都尉的計畫失敗，緱王被匈奴俘獲，押到了王庭。

被俘的緱王，一直在找機會返回漢朝。機會來了，他認識了一個叫虞常的人。虞常是衛律的手下。衛律是從漢朝投降匈奴的，頗得且鞮侯單于的信任，被封為丁令王。虞常雖然是跟著衛律投降了，但由於母親和弟弟都在漢朝，所以和緱王一樣，一心想要返回漢朝。

於是，緱王和虞常聯合了衛律的隨從，約七十人，準備把且鞮侯單于的母親劫持到漢朝，以便向漢朝邀功請賞。

這其實是一個漏洞百出的計畫。

緱王有勇無謀。他和虞常身陷匈奴，猶如羊羔在狼群中，自保尚且困難，又何談反擊？

如果將緱王和虞常做一番比較，便不難發現，虞常起事的欲望，要比緱王強烈得多。虞常原為漢臣，到匈奴後，吃盡了苦頭。後來，他成為衛律的部下，日子才略有好轉。

衛律的祖上是西域人，其父早年攜家帶口投降漢朝，衛律自小在漢朝長大，和協律都尉李延年關係密切。後來經李延年向漢武帝推薦，衛律成為出使匈奴的不二人選，衛律從此進入漢朝官場。但當他出使任務結束準備返回時，卻聽聞李夫人（漢武帝寵妃，李延年妹妹）已經去世，李延年、李季兩兄弟因罪被滅族。衛律怕受牽連，便潛逃出漢朝，投降了匈奴。他對匈奴死心塌地，能積極提供相關漢朝情報，後又伴隨在且鞮侯單于身邊，深得且鞮侯單于的賞識，盡享榮華富貴。

巧合的是，蘇武一行這時到了匈奴，其副使張勝是虞常的昔日好友，虞常覺得這支使團是有力的依靠，他一直盼望的除掉衛律的機會終於來了。

虞常私底下去拜訪張勝。按說，兩位昔日老友多年未見，身份迥異，應該沒有太多話可說。但虞常因為急於起事，一見面便將張勝當成同道，欲拉攏他一同加入。他說：「聽說漢天子怨恨衛律，我虞常能為漢廷埋伏弩弓手，將衛律射死。我的母親與弟弟都在漢朝，我還是希望返回漢朝。」

由此可見，虞常起事的目的，是想讓母親和弟弟在漢朝過得好一些，至少不要因為他的關係受牽連，所以他必須冒風險、出狠招，才能達到目的。

像虞常這樣身陷異域的人，始終在痛苦中掙扎，期望做出能引起朝廷注意的事情，以正名聲，為自己贏得返回故鄉的機會。但他們在匈奴營中身單力薄，縱然拚盡全力，捨命一搏，也未必能換得一絲希望。

虞常講得眉飛色舞。他等待得太久，終於迎來了機會。他不再遮遮掩掩，胸中積壓的陰鬱和仇恨，似乎要化作火焰，把匈奴燒成灰燼。

虞常說：「衛律手下有七十多名漢人，他們本不想投降匈奴，但因衛律已投降，他們沒有了退路，便委曲求全，在匈奴過著屈辱的日子。」他向張勝保證，自己能把他們團結過來，那時候衛律將徹底陷入孤立無援的境地，可隨意處置。

張勝一直不動聲色地聽著。

他在心裏冷靜地盤算著：虞常僅能聯絡七十餘人，出其不意刺殺衛律，倒有幾分把握，但想在匈奴起事，甚至從匈奴逃出去，無異於羊入狼口、沙入大河，最後的結局只能是一死。匈奴人會將他們的屍體剁成碎塊，扔在荒野中讓狼吃掉。

虞常慢慢冷靜下來，他接著又對張勝說，他有一個撒手鐧，那就是和緱王聯手，先抓了且鞮侯單于的母親再說。到了那時候，他和緱王說什麼，且鞮侯單于就得做什麼，不怕成不了事。在這一點上，虞常非常有把握，他知道且鞮侯單于十分孝順母親，這是他最大的關鍵弱點。

至此，張勝臉上才露出笑容，認為虞常的辦法可行，他決定全力支持。

在這件事上，張勝有自己的打算。在長安接到出使的命令時，他才知道自己被授予副中郎將，其官職較之前大有提升。這件事讓他覺得自己受到了命運的眷顧，升官重用，讓他對仕途充滿了信心。權力、財富、榮耀、幸福似乎都在前方等著他，只要再向前邁一步，這些便唾手可得。所以，他要為自己創造機會，而此次緱王和虞常起事，便是千載難逢的機會，他想藉機建立一番不凡事蹟，以待回到漢朝時加官進爵自然就不在話下。

張勝接下來的做法，更能證明他的野心。

他與虞常密謀後，並未向使團主使蘇武報告。他有意避開蘇武，既有擔心蘇武反對的因素，也有打算一人獨佔功勞的企圖。他認為此事若能成功，自己的仕途勢必會一片光明。有此念頭，張勝也像虞常一樣，被急功近利沖昏了頭腦，不能再冷靜考量事態了。

此時的蘇武，對張勝、緱王、虞常等人的密謀一概不知。從隱祕角落升起的陰影，正向他席捲而來。

一個多月後，緱王、虞常等人終於等來了機會。

且鞮侯單于準備率衛隊親兵外出打獵，只有一部份親兵留守單于庭。

每年秋天，匈奴都要舉行一場集群式的打獵。林中野獸經過一個夏天的生長，入秋後已長得肥壯，正是獵獲的好時機。

匈奴的秋獵一般有兩種形式。其一為真正的捕獵，是向大地要吃食；其二為掠奪，將他人的勞動成果據為己有。有時候，他們會像狼一樣，南窺中原。匈奴人經常掛在嘴邊的一句話是：秋高馬肥，南下劫掠。所謂「南下」，指的就是劫掠中原。

且鞮侯單于在那個秋天的打獵，極有可能二者兼有，既要捕獵，也要進行一場掠奪。單于要外出打獵的消息一傳出，最興奮的是緱王、虞常等人。他們暗中觀察，且鞮侯單于帶走了很多隨從，留在單于庭且有戰鬥力的匈奴士兵少之又少。這讓他們很高興，軍事上的危險降低，他們的成功機會便更大了。

同時，他們還得到一個好消息，且鞮侯單于的母親和弟弟，也留在了單于庭。且鞮侯單于的母親，是他們計畫中的重要目標，只要拿下她，一切都會按照他們的計畫進行。

還有一個讓他們覺得勝券在握的原因是，且鞮侯單于的弟弟，看上去手無縛雞之力，即使他守護在母親身邊，也構不成威脅，拿下他根本不成問題。

但是誰也沒有想到的是，謀劃起事的人中有人因為害怕，在當天晚上向且鞮侯單于的弟弟告發了這件事。

且鞮侯單于的弟弟得知消息後，並未聲張，而是暗地裏調動兵馬，準備一舉殲滅起事的七十餘人。

雙方都在不動聲色地做準備，緱王、虞常等人以為自己運籌帷幄，必將取得勝利；且鞮侯單于的弟弟則悄悄調遣人馬，就等著緱王、虞常等人前來。

緱王、虞常等人此刻還不知道前方的危險。他們本來給且鞮侯單于的母親、弟弟設計好了劇情，但沒有想到，自己並非這幕劇的導演！正所謂，螳螂捕蟬，黃雀在後。緱王、虞常二人率領七十餘人剛接近單于庭，就被且鞮侯單于的弟弟指揮的匈奴軍隊包圍了。

那一刻，興奮的緱王、虞常等人，彷彿頃刻間跌入冰窟，愣在了那裏。包圍他們的是數倍於己的匈奴士兵，弓已張滿，刀已出鞘，只要一聲令下，後果不堪設想。

急轉直下的事態，猶如一記悶棍，一下子擊暈了緱王。對他而言，不戰是死，戰也是死，勝敗已成定局。他大叫著揮刀衝上前去，然而這不過是失去理智後的衝動，亦是絕望後的無奈掙扎。他尚未衝到近前，便被亂箭射死了。

虞常也被眼前的事態嚇傻，愣在那兒一動不動，匈奴人一擁而上，活捉了他。

一場叛亂，就這樣輕鬆被解決了。

聽聞出了這樣的事，且鞮侯單于便放棄了狩獵，匆忙趕了回來。他弟弟已經將事情處理完畢，且鞮侯單于還是很生氣，區區七十餘人，就想在匈奴王庭鬧事，也太不自量力了吧？

蘇武此時才知道事情的來龍去脈，非常震驚。之前，因為張勝私心太重，只想一人從中撈到好處，始終將事情隱瞞不報。現在緱王已死，虞常又被捉拿，張勝擔心虞常會揭發他，那樣他與虞常的密謀必將暴露，到時候且鞮侯單于會怎樣對待他，實在無法想像。

他愈想愈害怕，不得不把實情告訴了蘇武。

此刻，蘇武既痛恨張勝的糊塗，又為那七十餘人的性命感到擔憂。張勝身為副中郎將，明知謀反之事是拿雞蛋碰石頭，但為了一己私利，居然拿這麼多人的性命去冒險，真是罪不可赦。

然而現在怎麼責怪張勝都於事無補了，蘇武很快就冷靜下來。他深知這件事情對整個使團的影響重大，甚至會影響漢朝與匈奴之間和平的關係。

大家都等著蘇武拿主意。蘇武思考了一會兒，說：「事情發展到了如此地步，肯定會牽連到我們；單于一定會認為我們都是幕後策劃者，誰都脫不了干係。也許會把我們抓起來，用最殘忍的方法處死。即使這樣，還是挽回不了帶給朝廷造成的損失，我實在是辜負了朝廷！」

說著，他就要伸手去拔腰間佩刀。張勝、常惠等人眼明手快，趕緊制止了他。

大家都死盯著張勝看，目光中透出的憤恨之意，像石頭一樣狠狠砸在他身上。張勝無地自容，恨不得找個地縫鑽進去。有些過錯，一旦犯了，就再也沒有辦法彌補。大家只能在萬分煎熬中等待單于處置。

且鞮侯單于已得到了確切的消息，此次叛亂，與漢朝使團的張勝有關。因為虞常受不了匈奴的嚴刑拷打，供出了張勝是他的朋友，但是虞常在最後咬緊牙關，沒有說出張勝參與謀劃了叛亂，但是就匈奴方的認知，漢朝這團使節團無論如何都脫不了干係。

匈奴單于本來就不是真心同漢朝交好，在得知張勝和虞常的勾結後更加氣憤，他立即把匈奴貴族召集起來商量，準備把漢朝使者全部殺掉。可是，匈奴貴族內部意見並不統一。有人認為，張勝只是鼓動謀殺衛律，判定死罪太重了；如果他們要謀殺的是單于，那又該判什麼罪呢？這時，有人說：「不如先扣下他們吧。」單于覺得這話有理，就決定把漢朝使者全部扣留。

且鞮侯單于考慮到參與叛亂的人，尤其帶頭的虞常是漢人，所以就讓漢人處理漢人的事情，於是便派衛律審理這一案件。衛律投降匈奴後，深受且鞮侯單于賞識，單于認為衛律是審理此事的最佳人選。

衛律到達使節團駐地，說明了自己代表且鞮侯單于處理這一逆謀案件，招來了蘇武一行人，宣佈要對蘇武進行審訊，蘇武感覺霎時一陣冷風順上背脊然後衝到了頭上。蘇武表明了，這件事情雖然跟整個使節團無關，但是張勝是使節團的副使，他覺得應該對副使的行為負責。願意以死來承擔責任，但絕不投降匈奴。蘇武對常惠等人說：「如果侮辱了我的人格，玷汙了我的使命，即使活著，我也沒有臉再回漢朝了。」

說罷，他飛速從腰間拔出佩刀，抹向自己的脖子。

衛律當時就在蘇武身邊，他伸手想攔住蘇武，但是慢了一步，眼睜睜看著蘇武倒了下去。衛律撲過去抱住蘇武，然後派人騎快馬去找巫醫來救他。

匈奴的巫醫不是單純的醫生，他們除了掌握一定的醫術外，還肩負著向蒼天祈禱、占卜、測算等事務。人們遇到把握不準或弄不明白的事情，往往求助於巫醫的預測。衛律請的巫醫到了以後，他在地上挖出一個坑，在坑中點燃熅火（沒有火焰的火），上面鋪了一塊木板，然後把蘇武的臉朝下放在板上，一邊慢慢地烤，一邊輕敲他的背部，讓淤血流出來。

蘇武本已斷氣，過了半天才有氣息。常惠等人哭泣，用車把蘇武載回營帳。單于欽佩蘇武的節操，早晚派人探望詢問，把張勝監禁起來。

過了好長時間，蘇武才慢慢甦醒。

常惠等人把蘇武抬回營帳，讓他躺在羊皮褥子上養傷。他們輪流守在蘇武身邊觀察。只要蘇武還活著，使團就有人帶領，大家就有主心骨。

且鞮侯單于聽說蘇武的舉動後，對蘇武的氣節與英勇十分欽佩。他每天派人去探望蘇武，同時下令逮捕張勝，將其送進了牢房。

寧死不屈

且鞮侯單于認為，如果蘇武不投降，就會讓匈奴威嚴掃地，對於自己才剛立足的首領位子也難以取得威信。但是他又很為難，如果不殺蘇武，就得把蘇武放了，那他本想與漢朝取得和平相處的關係恐怕生變。

怎麼辦？

且鞮侯單于思前想後，最後決定要用各種手段威逼蘇武投降。他決定派遣讓衛律去完成這個任務。

表面看來，且鞮侯單于似乎很器重衛律，其實不然。且鞮侯單于只是在處理與漢朝有關的事情時，才會派出衛律，讓他全權負責。且鞮侯單于這樣做的目的，一是因為衛律瞭解漢人知道如何與漢人溝通，處理起來會更加得心應手；二是要讓漢室知道，你們的人只要在我匈奴，要麼一心效忠於我，要麼淪為階下囚。

衛律能受且鞮侯單于器重，與他善於耍手腕有很大關係。在蘇武被流放北海後不久，征和三年（前九〇年），漢朝將軍李廣利在一場敗仗後，投降了匈奴，向當時任匈奴單于的狐鹿姑講了很多漢朝的事情，由於他很主動示好，其地位便很快提高，比衛律的地位還高。衛律心裏不舒服，決定除去李廣利。

在遙遠的西域，兩個投降了匈奴的漢人，就那樣展開了一場生死之鬥。看來，即使當叛徒，還要去鬥去爭，否則，便當不成受重用的叛徒。衛律在匈奴中待的時間長，知道用什麼辦法對於匈奴管用。於是，他藉狐鹿姑單于母親生病的機會，買通匈奴的巫醫，讓巫醫對狐鹿姑單于說，您的母親生病是因為神發怒了，需殺貳師將軍（即李廣利）祭天來解除災難，狐鹿姑單于信神，便聽信衛律讒言，把李廣利殺死當了祭品。

衛律不但善於耍手腕，還工於心計，善於使用恐嚇手段。當時，他按照且鞮侯單于的意思，首先安排了一場會審。被審人是虞常和張勝，會審人是他和蘇武。這是逼迫蘇武的第一步，衛律要把起事原因一層層揭開，直逼核心。

且鞮侯單于想要的最終結果，並不是揪出幕後主使，而是要找出漢使在匈奴故意製造事端的證據，等到了手中握有對己方有利的證據，將蘇武等人或殺或囚，便如同鞭子下的羊，他想讓其往東便往東，想讓其往西便往西，也不怕對漢朝沒法交代。當然，且鞮侯單于最想要的結果，是逼迫蘇武投降，只要蘇武投降，他便不殺使團中的任何一人。他之所以如此，是因為漢朝派出的使者皆為人才，若投降後為他所用，可頂匈奴的千軍萬馬；再則，但凡一人投降，他便覺得是給漢朝的一次羞辱，那是遠遠超出戰爭的勝利。

衛律已考慮好了如何對付蘇武。他先歷數虞常的罪行，指責叛亂這樣的事，其罪之大，殺十次也不為過。虞常深知自己死罪難逃，立在那兒一聲不吭，一副任殺任剮的態度。

衛律宣佈，虞常判處死罪。

拖走虞常後，衛律便把矛頭指向張勝。他對張勝說：「漢使張勝，謀害匈奴大臣，判處死罪。」但他沒有忘記且鞮侯單于的指示，於是又把話題一轉，說：「單于說了，願意投降的人，赦免其罪。」說著，舉劍欲殺張勝，張勝趕緊跪倒在地，哭哭啼啼請求饒命。

其實，衛律只是做個樣子嚇唬張勝，他的目的是讓他投降。此時的張勝，感覺自己猶如站在懸崖邊上，哪怕一陣風吹來，就能讓他墜落。為了保命，他只好投降。

蘇武看到張勝的樣子，心裏又急又氣。他做為使團成員，參與叛亂本已經是重罪，如今又投降了匈奴，讓他回去如何向朝廷交代？但事已至此，蘇武也毫無辦法。

衛律見張勝投降了，就轉向蘇武，聲色俱厲地說：「副使有罪，你也應該連坐。」

蘇武可不是貪生怕死的軟骨頭，他理直氣壯地說道：「我並沒有參與謀劃，又與他非親非故，即使張勝犯罪，也株連不到我身上。」

衛律被蘇武這幾句話說得無言以對，於是他又故伎重施，舉起了那口寒光逼人的寶劍瞪視蘇武，意欲脅迫其投降。

但蘇武面對衛律的劍，昂首挺胸，巋然不動。衛律見來硬的不行，只好收起寶劍，賠著笑臉，說：「蘇君，我衛律以前背棄漢廷，歸順匈奴，幸得單于大恩，賜我爵號，讓我稱王，擁有奴隸數萬，牲畜滿山，富貴如此！蘇君你今日投降，明日也是這樣。如果不降，白白受苦，否則是白白拿身體去做野草的肥料，誰會知道啊？」

蘇武不為所動。

衛律見此情形，接著說：「先生如果聽我的，投降匈奴，咱倆就結為兄弟；如果今天不聽我的安排，以後再想見我，就再也沒有機會了。」

衛律愈說愈得意，蘇武愈聽愈惱火。他終於忍不住了，痛罵衛律：「你為人臣子，不顧恩義，背叛君主和父母，投降蠻夷去做俘虜，我還要見你做什麼？況且單于信任你，讓你決定他人的死生，你不公平執法，反而想挑起兩個君主的矛盾，自己坐觀成敗。南越國曾經殺漢朝使者，最後被漢朝消滅，南越國也成了漢朝的九個郡；宛王曾經殺漢使者，最後被漢朝消滅，他的人頭也被懸在北門示眾；朝鮮殺漢使者，立即就被滅國了。只有匈奴還沒遭到這樣的下場罷了。你明知我不降，就是要殺我，令兩國開戰，匈奴的覆滅就從我開始吧。」

接著又氣憤的說：「你本是漢朝的臣子，卻不顧恩德義理，背叛皇上，拋棄親人，在異族做投降的奴隸，我為什麼要聽你的話？況且單于信任你，重用你，讓你手操大權，決定別人的死活，而你卻居心不良，不主持公道，反而想在漢朝與匈奴之間製造不和，挑起事端，這真是包藏禍心！」

衛律沒想到蘇武觀察如此敏銳，一眼便將事情看得清清楚楚；他更沒有想到，蘇武犀利的言辭，幾乎字字如刀子一般鋒利，讓他招架不住。

衛律無法應對蘇武的斥責，失落而去。

衛律勸降不成，便到且鞮侯單于跟前告了蘇武一狀。衛律這個人城府很深，他遭受了蘇武一番辱罵，心裏滿滿的憤恨，但他能忍，沒有當場發作，回去後便琢磨出了要如何藉且鞮侯單于之手，收拾蘇武的辦法。

且鞮侯單于聽了衛律的匯報後，再次感到蘇武不好對付。蘇武雖然態度溫和，但卻善於不動聲色地與他過招。這麼幾場較量下來，蘇武雖然處境上受制於自己，但自己也並沒有佔上風，這讓他一籌莫展。

蘇武受漢文化熏陶，表面看似溫和，內心卻十分堅執，但凡認定一件事，便百折不撓；且鞮侯單于自小在匈奴長大，無論是外表還是內心，都暴烈粗魯，習慣用暴力方式處理事情。

且鞮侯單于認為，蘇武已被囚禁在匈奴，就好像駿馬被縛住了四蹄，鷹被折斷了翅膀，想讓他怎樣，他就得怎樣。在且鞮侯單于看來，即便是老老實實聽話的羊，也隨時會被狼吃掉，而蘇武在他眼裏比羊還柔弱，居然敢不聽他的話？

他下了一個命令——把蘇武囚禁起來。

執行且鞮侯單于命令的，還是衛律。此時的衛律，終於出了一口惡氣。他得意地想，你蘇武不是油鹽不進，連死都不怕嗎？現在好了，沒人讓你死，但是卻要讓你過一種被奴役的日子，一天一天地磨你、熬你、耗你，看你能撐多久？

蘇武臨危不懼，跟著衛律就走。他雖然沒有說一句話，但是他的動作、他的表情，以及他的眼神都在說：我人在你們手裏，你們要殺要剮，隨便！其實我早就想死呢，你們殺我，算是成全了我。

蘇武所想所思，衛律清清楚楚，所以他不會讓蘇武死。

為了防止蘇武自殺，衛律打算把他囚禁在破地窨中。衛律事先已觀察過，那個破地窨徒然四壁，蘇武被關進去，沒有可用於自殺的工具，只能老老實實地在裏面待著。至於什麼時候放他出來，就要看且鞮侯單于的心情了。很有可能到最後，蘇武會變成大地窨中的一堆白骨，被塵垢層層淹沒。

衛律高高興興地回去覆命，他覺得自己立了一件大功。

蘇武抱著那根旄節，一聲不吭地進入了破地窨。

當時的游牧民族，在夏天可住霍斯（氈房），到了冬天，則住地穴，可避開嚴寒和大雪。

蘇武待的地窨條件簡陋，匈奴人只扔給他一件毛氈，就封死了頂蓋。蘇武一聲不吭，默默地坐在地窨中。他對這樣的遭遇早有心理準備，所以地窨中的寒冷、衛律對他的折磨，他都能忍受。他很清楚，匈奴人就是要藉助惡劣的環境威逼他，如果他意志軟弱，不能忍受艱苦，就會屈服於匈奴，甚至有可能投降。不，絕對不能讓自己的意志被銷毀，絕對不能讓匈奴人的計謀得逞。

到了吃飯的時間，絲毫沒有動靜。蘇武內心瀰漫過一陣酸楚，看來匈奴人不會給他飯吃了。蘇武斷定，此乃匈奴人威逼他的又一個手段。匈奴人料定飢餓會打敗他，他會為了一口吃食，屈膝彎腰投降嗎？不，哪怕餓死，也不能向匈奴人低頭，一旦低頭就前功盡棄，不但毀了自己，也毀了朝廷的尊嚴，這是他心中最不願意的結果。

蘇武在那一刻又想到了死，內心反而變得輕鬆。先前兩次都沒有死成，現在一個人在這個大地窖中，再也沒有誰能攔得住他，他打算就這樣把自己餓死。

熬了兩三天，蘇武腹內如同火在燃燒，飢餓在激烈地撕扯著他，讓他沒有力氣挪動一下身子。他昏睡一陣，醒來才發現下雨了。雨水從頂蓋漏下，打濕了窖底，他因為一直躺著沒動，身上便被濡濕。匈奴所在地蠻荒僻遠，一場秋風過後，冬天便像撲過來的野獸一樣，迫不及待地蹂躪著大地。等到又一場風起，卻已經不是秋風，而是夾雜著秋雨的寒風了，讓他在地窖裏也不禁寒顫連連。

蘇武想，如果不出這件事端，使團此時應該已回到長安了，但誰也沒有想到張勝一時糊塗，惹下那般禍害，導致使團一行被囚禁在這蠻荒之地。蘇武不知事情將會怎樣發展，也不知要過多少天，才能在地窖中餓死。那一刻，蘇武並不為死亡恐懼，卻為突變的命運感到絕望。

風從大窖頂上灌下，雨水落到他身上。他掙扎著挪一下，把身體移到乾一點的地方。這樣一折騰，他感覺更餓了，身子一軟又靠在了窖壁上。此時，他動與不動，身上濕或不濕，都已不重要了。

突然，蘇武不想死了。他覺得死是一種恥辱，與被匈奴打敗無異，而如果他活下去，繼續與匈奴對峙，豈不是更有意義！

至此，他已看得很明白，死要死得其所，生要頂天立地。這是蘇武的性格使然，他做人，就要做一個知恩圖報，忠君孝廉之人，這是他的信條。而忠，可以用死踐之，亦可以用生踐之。到了現在這種地步，不降、不死，就是最大的忠。

這麼一想，蘇武全身的寒意被驅趕了出去，一下子熱了起來。其實大窖中還是那麼冷，而他的血液卻因信念而沸騰起來。現在，他覺得渾身充滿了力量，於是將那根旄節緊緊抱在懷中。旄節就是他的希望，它不倒，他對朝廷的忠心就一直存在。

果不其然，匈奴人確實是斷絕了他的供給。匈奴人知道這樣下去，蘇武會被餓死，但是他們在賭，賭蘇武在即將墜入懸崖的過程中，其意志逐漸瓦解，心靈被巨大的恐懼籠罩後也許會放棄原先的信念，聽從他們的指揮，乖乖地為他們做事。但是他們不會想到，蘇武這時候內心已經發生了巨大的變化，他要與他們死磕到底。

又過了不知道多少天，下了一場大雪，密集的雪花從窖頂縫隙落下，在大窖中積了厚厚一層。雪給他帶來了希望，他決定嚼雪充飢。他知道雪當不了食物，但為了不讓自己絕望崩潰，他決定還是硬著頭皮吃。

他已渾身無力，連起身坐起來也成了奢望。他艱難地伸出手，抓起一把雪塞到嘴裏。一股冰涼潤濕感瀰漫在口腔中，帶來已感覺很遙遠的咀嚼感。等將第二把雪塞入嘴裏，他僅僅咀嚼了一下，便嚥了下去。喉嚨及食道都體驗到了被滋潤的感覺，亦讓他體驗到了幸福感。真是感謝上蒼送來了雪，他就那樣不停地嚼著雪，因為肚子被填充，真的不餓了。

他躺在地窖中，感覺還是活著好。才剛剛入冬，這是第一場雪，往後還會有更大的雪，他不愁沒有吃的。

但是他很快就餓了，而且是那種肚子受到刺激後來勢洶洶的飢餓。至此他才意識到，嚼雪解決不了問題，哄得了肚子一時，卻不會長久，一旦它恢復了對食物的記憶，如果不及時吃東西，是沒辦法挺過去的。

無奈之中，蘇武扭頭看見了匈奴人扔給他的那張氈子，上面的氈毛掉了，就在地上堆著。他突發奇想，把氈毛吞進肚子，也許可壓住體內一陣強似一陣的飢餓感。

主意已定，他抓起氈毛，與積雪一起吞下。氈毛沒有任何嚼頭，只是一團軟綿綿的毛織物，滯澀又塞牙，他剛嚼了一口，便感覺牙縫裏塞滿了羊毛。他一狠心，將整團氈毛嚥了下去。很快，他便覺得肚子裏舒服了一些，已然不餓了。

就這樣，蘇武靠著嚼雪吞氈毛，堅持了下去。

數日後，匈奴人以為蘇武已死，等他們把地窖打開，卻看見蘇武完好無損地在大窖中，正用蔑視的眼光看著他們。

蘇武多日無食，居然不死！

消息傳到且鞮侯單于耳中，他頗為吃驚。蘇武這麼多天一口食未進，一滴水未喝，為什麼沒有被餓死？且鞮侯單于認為唯一的原因，就是神在幫助蘇武。否則，一個凡人，怎麼可能空腹活這麼多天？匈奴敬神，一旦認為有人被神幫助，就會遠遠避開，唯恐因為自己不慎，遭到神的懲罰。對神的崇拜，被匈奴奉為至高真理，遇事常常自覺遵守，並付諸實際行動。

但是神祇能影響他們的意念，並不會告訴他們明確的行動指南。平靜下來後，他們面對的仍是蘇武這個活生生的人。且鞮侯單于再也找不出征服蘇武的辦法，遂賭氣下令，將蘇武放逐到荒無人煙的北海邊。臨行前他對蘇武說：「等公羊生了小羊，你就可以回漢朝了。」目的是要讓他像無法繁殖的公羊那樣衰老、絕後、自生自滅，要他等到公羊能夠哺乳才可以回來。同時，他又下令將常惠和蘇武的隨從等人，分別發配到另外的地方。

蘇武抱著那根旄節，趕著羊群迎著風雪，向北海走去。

北海牧羊

北海是中國北方部族主要活動地區，即今日俄羅斯的貝加爾湖。

蘇武到達北海後，才發現那裏的環境之惡劣，遠遠超出了他的想像。他以前只知道北海是一個大湖，他到達時正值寒冬，完全看不到湖的邊際，天地間似乎只剩下無垠的冰原。且鞮侯單于是下了狠心的，北海邊確實沒有一個人，更沒有任何生活必需品，他自己一個人能否在這裏生存下去都是個很大的問題。

押送蘇武來的匈奴士兵，把幾隻羊拴在一棵樹上，皺著眉頭看了看四周，然後轉身離開了。

蘇武孑然立於雪地。現在他要獨自在這裏生存，一切都要靠自己，如果他能夠建造出房屋，就不會被凍死；如果能夠獵捕到足夠的獵物，就會捱過飢餓。他暗下決心一定要扛住，如果他被凍死或餓死，就相當於失敗了，且鞮侯單于想要的就是那樣的結果。

那幾隻羊對著他咩咩叫，牠們也已經意識到，跟著這個表情陰鬱、懷抱旄節的人到了這裏，恐怕也難以活下去。

那幾個匈奴士兵離開後，再也沒有回來。蘇武感嘆，在這無一人可求，無一物可食，無一路可逃的北海，挨不了幾天就會被餓死。他還斷定，且鞮侯單于之所以選擇在北海對他下手，是因此地八面荒遠渺無人煙，便於封鎖他被餓死的消息。

蘇武放下旄節，馬上便去捕獵，希望能從雪地裏逮一隻兔子，實在不濟捉一隻老鼠，也能解決飢餓。但是什麼也沒有，大雪迫使所有動物都遷徙去了別處，天空中沒有一隻鳥飛過，地上沒有一隻走獸遊走，茫茫大雪讓大地變得死寂一片，除了他的影子，再也沒有活物。他絕望得大喊，然而翻捲的風雪卻淹沒了他的聲音。那種殘酷和沉悶，似乎在告訴他，北海的冬天不容許人生存，你留下只能是一死。

蘇武不放棄，繼續在雪地裏尋找，捕不到動物，哪怕找到果籽或可食的草根，也能勉強對付一下。他的運氣不錯，無意間發現一塊石頭下有一隻老鼠，於是便張開雙臂猛撲上去。但是老鼠十分警覺，一下子躥了出去，在雪地上留下一串爪印。他移開石頭，想看看石頭後面會不會有鼠窩，卻驚喜地發現老鼠在石頭下儲藏著一堆草籽。

真是天無絕人之路，就在他快要崩潰時，一堆草籽不但解決了他的飢餓，而且強有力地支撐了他的意志，在那樣的時刻，他下定決心——活下去，一定要活下去！

為了朝廷，要活下去。

為了與匈奴對峙，也要活下去。

為了證明自己，更要活下去。

蘇武不論是牧羊，還是睡覺，都緊緊抱著那根旄節。他的使者官服已經破爛不堪，整個人面目全非，只有那根旄節仍可證明他的身份。

這樣一想，蘇武的心情好了很多，感覺就像是與對手苦苦搏鬥一番後，終於獲得了勝利一般。

接下來，他繼續尋找老鼠儲藏的草籽。感謝上蒼，北海一帶居然有不少老鼠，而且牠們儲藏了那麼多的草籽。蘇武或搬開岸邊的石頭，或向地穴深處掘進，每每都收穫頗豐。

靠吃草籽，蘇武就這樣一天天堅持了下去。

北海的冬天有兩個特點，一個是風大，另一個是雪大，大風挾裹的飛雪撲到人臉上，會像刀扎一般生疼。好在那一帶林木茂密，蘇武費了不少工夫，在北海邊建了一座房子。他將枯死的樹木運回，在房子裏生起火，房間開始暖和起來。在那之前，他初來乍到，感覺死亡會隨時來臨。但隨著有了房子，儲備了充足的草籽，以及柴火燃起的溫暖，他終於有了活下去的信心。

天氣好的時候，他會出去放牧，讓那幾隻羊吃草。食物的短缺讓他已瘦得脫了形，而那幾隻羊則是近在眼前的肉食，他如果宰殺一隻，烤熟吃上一頓，該是莫大的幸福。但是他不能那樣做，說不定匈奴隨時會來查看他的情況，如果發現他宰殺了羊，就會抓住把柄，大作文章。他的聲名會毀於這次口腹之欲。那幾隻羊不但不能宰殺，而且還不能出現意外，否則也會被匈奴抓住把柄。

如果下大雪颳大風，他便將那幾隻羊趕進屋裏，讓牠們也暖和一下。長時間的朝夕相處，這幾隻羊儼然已經成為他的朋友，他的家人。

牧羊是輕鬆的活，但他怕羊走失，從來不敢掉以輕心。每天出去，他都抱著那根旄節，羊吃草時，他坐在石頭上撫摸旄節，不由得會想起以前的生活。但只是想想而已，如今身處冰天雪地的北海，以前的生活已感覺恍若隔世。

這裏雖然沒有匈奴人來打擾，但寂寞孤獨是另一種敵人，它們的攻擊更加凌厲，如果他忍受不了寂寞孤獨，同樣也會變成失敗者。

為了排遣孤獨，他有時候對羊說話，也對羊唱歌。時間長了，羊似乎能聽懂他的話，也喜歡上了他的歌聲。

冬天的北海邊沒有草，為了讓羊吃上草，他走很遠的路，帶著牠們到北海邊的森林裏，或者離湖岸很遠的草灘。沒過多長時間，他明顯感到牠們肥了，身上變得圓乎乎的。他不禁感嘆，在這樣的地方，羊比人好活。

冬去春來，大地復甦。蘇武在北海的第一個冬天，終於熬過去了。這裏一入春便積雪消融，小草發芽。這時候，蘇武會去山上挖野菜。北海四周的山上森林茂密、植被繁多，所以他經常能採到野菜，一頓吃不完，就濾乾水後曬成乾菜，以備冬天食用。到了秋天，樹上的野果熟了，他便採摘回去慢慢享用。

除了挖野菜和採摘野果，他還利用自己在朝廷時管理獵具的經驗，用樹枝、石頭、棘刺等製造了捕獵工具，並利用放牧的時間，練就了一套精湛的捕獵技術。一開春，森林裏的兔子、黃羊、野雞、鹿、狍子等等，都會出來覓食，他便拿著獵具出去捕獵。

當然，他打獵的目的是為了過冬，所以捕來的那些獵物，會掛在樹上風乾。有時候，他還能在林子裏拾到鳥蛋，也會儲備起來。甚至他還製作出一張簡易的木頭筏子，以便捕魚。

儲存草籽、野果、挖野菜、打獵、捕魚……蘇武為了活下去，想出了各種辦法頑強的對抗。

收穫友情

不知不覺，蘇武在北海已度過了五年歲月。

蘇武頭髮很長，經常被風吹得亂飛，露出枯瘦的面龐。因為常年食物供應得不到保障，他十分清瘦，也顯得十分蒼老。他臉上沒有任何表情，看上去是一個無悲亦無喜的人。他出使時穿的那件官服，早已變得破爛不堪。他想起曾看到匈奴人穿獸皮衣服，於是便把獵捕來的動物皮剝下來做成衣服，穿上後不但耐磨，而且暖和。

那幾年，他便一直穿著獸衣牧羊，身上已無一點中郎將的影子。昔日榮光已成幻影，他也已經很久不去回憶曾經的生活了。

又一個冬天過去了。春天時，蘇武像往常一樣，正在山坡上牧羊。突然傳來了馬的嘶鳴聲，接著便是一陣密集的馬蹄聲。他好多年沒有聽到馬的嘶鳴了，一時沒有反應過來，直到一群人騎著馬出現在他的視野裏，他才知道有人來了，而且不少，有近百人。

那群人老遠便看見了蘇武，於是縱馬徑直向他飛奔過來。待走得近了，蘇武看清是一群匈奴人。那一刻，蘇武心頭一緊，以為是且鞮侯單于派人來殺他了。這樣想著，他反而不害怕，他已經和匈奴對峙了五年，雖然公羊沒有生下小羊，但他沒有倒下，那根旄節始終被他抱在懷裏，如果此時他被殺了，並不算是失敗者。

有時候他會凝神注視那根旄節，上面的毛雖然早已掉光，只剩下一根光桿，但因為被長期撫摸和擁握，泛著明亮的包漿色。這是他五年的歲月見證，更是他對自己的證明。

但是，這群匈奴人不是來殺他的。領頭的是且鞮侯單于的弟弟於軒王，他們是來打獵和捕魚的。且鞮侯單于已於一年前死去，繼任的是且鞮侯的兒子狐鹿姑。

於軒王來之前就聽說在北海邊有一個叫蘇武的漢人，五年前被流放到這裏。

現在且鞮侯單于死了，但是狐鹿姑單于仍然堅持流放蘇武。

讓於軒王沒想到的是，北海邊僅有蘇武一人，然後就是簡陋的房子，以及掛在樹枝上的風乾肉。至於蘇武本人，僅從外表和裝束上看，已無法判斷他是匈奴人還是漢人。他穿著泛著油光亮色的獸皮衣服，已經完全成了一個野人。

在那一刻，於軒王很是吃驚，以蘇武一人之力，居然在北海這不毛之地生存了五年，簡直是不可想像的奇蹟。

於軒王走到蘇武跟前，看見蘇武緊緊抱著那根旄節，十分困惑，無法理解。他不明白一個身處孤獨境地的人，將一根旄節死死抱在懷中，有什麼用呢？

後來接觸多了，於軒王終於知道，那根旄節代表的是大漢王朝，蘇武抱著那根旄節，就等於他一直不曾放棄自己的使命。

於軒王參觀了蘇武的房子，發現蘇武的生活用具非常簡陋，譬如有凹槽的石頭，被當作吃飯的碗；有尖利刃口的石片，被當作切東西的刀；有韌性的籐條，被當作繩子捆綁東西；有斜枝的樹幹，被用於掛東西；方形的石頭或樹樁，被用作「凳子」。就是這些生活用具，陪他度過這一天天孤獨的生活。

於軒王進了蘇武的簡易房子，發現裏面生著常年不熄的火。

於軒王慨歎，這可真是他見過的最簡陋的生存條件。

於軒王帶來的東西，包括吃的、用的，以及打獵用的器具，在北海邊堆成了山。他手下的匈奴人沒用多長時間，就搭建好了穹廬（氈房）的木質架子，然後用繡有彩色圖案的圍氈，將木質架子圍起來，再加固拉緊。穹廬的頂部有活動的天窗，天黑或雨雪時，用繩子一拉便有一塊布蓋住天窗；到了天亮或天氣好的日子，將那根繩子拉到另一邊，天窗便又露了出來。

於軒王帶來的食物，是蘇武五年來未吃過的佳餚，有牛奶、羊奶、牛肉、蔬菜和水果，甚至還有調料、做飯的精美器皿、吃飯的餐具等，這些東西喚起了蘇武久已模糊的記憶，亦讓他感覺到些許失落。以前他是朝廷官員，吃穿用度皆非常人能比，到北海後一下子落到最原始的地步，鑽木取火、嚙雪吞旃、挖掘草籽、狩獵捕食等。

於軒王紮下營後，便開始派人著手整理打獵的弓弩、箭矢等器具。他對政治不感興趣，有大量的時間可以打發，所以他將在這裏度過一個夏天，其中最重要的一項活動，便是狩獵。

於軒王每次打獵回來，不是馬病了，就是網破了，要不就是弓弩出了問題。然而他此次來得匆忙，沒有攜帶工匠，這讓他一籌莫展。

正當他發愁時，就聽得蘇武在旁邊輕輕說：「讓我試試。」蘇武很快幫於軒王修好了其中的一副弓。於軒王很高興，沒想到這個沉默寡言的人，卻有這樣的本事！

蘇武在朝廷時管理過獵具，所以對於這種活，他當然駕輕就熟。

匈奴人在蘇武的帶領下，很快修復了弓弩獵具。他們不僅打到了很多獵物，又駕著木筏進入北海，捕到了很多魚，當晚就吃到了一頓豐盛的魚宴。

於軒王大為高興，給了蘇武很多衣服和食物。二人成為好朋友。

於軒王等人在北海邊待得很高興，決定要繼續待下去。

此時的蘇武，與於軒王相處甚歡。於軒王之所以留下來，或許與蘇武有關；或許是因為作為匈奴貴族，回到匈奴王庭所在地，多少會有一些煩心事。但在北海邊就不一樣了，每天睡到自然醒，然後或打獵，或捕魚，著實是逍遙快活。

就這樣過了三年，於軒王一直住在北海邊，過著自由自在的日子。按說，於軒王是匈奴貴族，蘇武是被流放者，由於地位和身份的懸殊，二人本該很有距離，但於軒王在蘇武面前不在意自己的地位和身份，反之很欣賞蘇武，所以他更樂意和蘇武待在一起。

可以想像得到，因為於軒王的照顧，蘇武的生活在那幾年大有改觀，吃得好，穿得暖，住得舒服。

按照《漢書》記載，蘇武在匈奴十九年後返回漢朝，至年邁，漢宣帝見其可憐，問左右群臣，蘇武可有後人？蘇武聽到消息後，託平恩侯向宣帝陳述：以前在匈奴流放時，娶的匈奴婦人生過一個兒子，名字叫通國，有消息傳來，通國希望通過漢使者把他贖回長安，與父親團圓。漢宣帝應允，派使者將通國贖了回來，後讓他做了郎官。可以推測，有可能是於軒王覺得蘇武過得太苦，於是派人挑選了一位匈奴女子，為蘇武成了家。

但好景不長，三年之後於軒王突然患病，臥床不起了。

北海乃苦寒之地，蘇武在北海已近十年，身體早已習慣這樣的極度寒冷，但於軒王一直生活條件優渥，體質不如蘇武強壯，也許一個突變的天氣，或一場猝不及防的風寒，就會將他擊倒。

蘇武聽到消息，趕到於軒王的大圓頂氈房內，見於軒王躺在皮褥子上。他的氣色很不好，臉色蒼白，像是好幾天沒有吃飯一樣。放在他身邊的碗裏盛滿了挏馬酒（馬奶酒），還有羊肉等，他卻沒有動一口。

蘇武愣在那裏，內心產生了不祥的預感。

於軒王身體一天不如一天，匈奴們想把他抬回匈奴王庭去，但又怕在路上出現意外，於是便只好在這裏等著期盼於軒王病情好轉再啟程。

蘇武看望過於軒王多次，每次回來都只覺他的病情更加嚴重。於軒王已病入膏肓，散發出了一種死亡逼近的氣息，讓蘇武心中為之顫抖。於軒王每每與蘇武對視，雖然不說一句話，但互相都懂得。

一天，於軒王突然精神煥發，神志清醒，能吃也能喝了。他讓人把蘇武召入氈房內，與蘇武說了一會兒話，然後特別交代，他要將圓頂氈房、馬匹、牛羊、餐具、酒器等等，全部送給蘇武。

蘇武聞之一驚，看來於軒王精神煥發是迴光返照，他意識到自己時日不多，便早早安排了後事。

果然，於軒王對蘇武說完話後，說累了，想睡一會兒，再也沒有醒來。

這位匈奴貴族，或許是被地位、權力、名利、家族等紛爭弄得焦頭爛額，所以才躲到了北海，想過幾天自由自在的日子，但是一場疾病就讓他送了命，匆匆走完了短暫的一生。

對蘇武來說，這三年多的歲月，因為有於軒王的陪伴，他才活了下來。如果沒有於軒王，他不敢想像自己能否活到現在。

於軒王死後，他的手下按照匈奴的規矩，對他舉行劈面和剪髮。於軒王被放入挖出的土坑中，匈奴人排成長隊，一邊向於軒王的遺體走來，一邊從腰間抽出了長短不一的刀。匈奴們的身份不一樣，身份高貴者在腰間掛著徑路刀，身份卑微者在腰間掛著一般的彎刀。他們看了一眼於軒王，抽刀高高舉起，然後刺向額頭，鮮血立即流了出來，但他們在等，等更多的血流出來。終於，他們的臉上有了很多血，看上去像蒙了一張紅布。他們向於軒王低下頭，讓自己臉上的血滴下去，滴到於軒王屍體上，然後離去。

這就是匈奴古老的祭祀儀式——剺面。

接著，又進行剪髮儀式。匈奴們的刀還沒有入鞘，順便把頭髮割斷，握在了手裏。他們再看一眼於軒王，把手裏的斷髮扔到他身上。匈奴認為人的靈魂在頭髮上，把自己的頭髮割斷放到死者身邊，也是追隨死者的意思。

剪髮儀式結束後，匈奴們開始號哭，風很大，匈奴的哭聲卻蓋過了風聲。號哭儀式結束後，匈奴人抹去淚水，然後從身邊拿起一支支長竿。長竿頂端都雕有不同圖形，這就是所謂的「竿首」，竿首也是祭祀的一種儀式，在剺面和剪髮之後進行。

蘇武看見，竿首有盤羊頭形、鳥頭形、鹿頭形、狼頭形、虎形、臥馬形、鶴頭形和羚羊形，都是匈奴們在這幾天用木頭刻出來的。

匈奴們舉著竿首，圍繞祭坑狂舞，嘴裏喃喃自語。過了一會兒，他們引吭高歌，高舉竿首，似乎要把竿首舉到撐犁（即「天」）中去。悲傷不見了，匈奴們狂歡起來。最後，匈奴們累得倒下去，卻還在笑。他們這樣笑著，似乎曾經的首領於軒王，在他們的歡笑中，踏上了去另一個世界的路途。

匈奴們把竿首扔到於軒王身邊，往祭坑中填土。很快，土填滿了，於軒王永遠消失了。

於軒王死後，他的手下很快便都撤離北海，蘇武又重新回到以前那種孤單的生活中。那幾隻羊還是他朝夕相處的好夥伴，他想說話的時候就對著牠們說，看著羊的眼睛，蘇武覺得羊似乎已經懂得了自己的千愁萬緒。

很快便又入冬，一場大雪後，便再也沒有停。蘇武雖然孤苦，但已經習慣。寒風捲著雪花吹打在他身上，他仍握著旄節，久久向南而望。這是他十餘年一直保持的姿勢，這是在望長安、望故鄉、望親人，雖然沒有回去的機會，但這個姿勢似乎已成他的習慣。此時的北海已經不像最初時那麼荒涼了，或居住，或打魚，或放牧於軒王送給蘇武的牛羊馬匹。

不幸的是，入冬不久，他的羊全部被人偷走了。這些年，羊與他形影不離，是唯一可讓他得到安慰的夥伴。發現羊群丟失的那個早晨，地上有厚厚的雪，偷羊的人趁著夜間雪大，才能順利得手。當蘇武發現羊圈中不剩一隻羊，悲痛欲絕。

這又是命運的重重一擊。

蘇武握著旄節的手，暴起顯眼的青筋，甚至那根旄節都被他握得隱隱發出聲響，但他最終還是默默鬆開，無奈地轉過身，低著頭返回住處。

從此以後，蘇武變了。

以前的苦難遭遇，他覺得有使命在支撐著自己，所以他內心有力量去抗爭。但是這次不一樣，他感覺身後空無一人，他好像失去了抗爭的勇氣。

無羊可牧，蘇武陷入了更深的孤寂中。

是誰偷了蘇武的羊？

起初，他認為是丁令人下手的，因為丁令人離他不遠。但他很快否定了自己的懷疑。丁令人如果要偷他的羊，早在他剛來北海時就偷了，何必等到現在？他斷定偷羊群者，絕非是出於一己私利，而是另有原因。

讓蘇武堅信丁令人不會偷他羊群的原因，是因為當時的西域人，但凡要佔有他人之物，絕不採取偷竊的方法。西域人認為偷竊遲早會暴露，就像在陽光下藏不住影子，在石頭上栽不活樹木一樣。在當時，很多王國或部落都有懲罰偷竊的法律。譬如匈奴，對偷竊者會牽連全家，其罪行輕者砸碎膝蓋，意為再也不讓其邁動去偷竊的步子；罪行重者，則會被砍頭。匈奴、烏孫和月氏等，都將有偷竊行為的人視為最下等的人，乃至於延續到後來的蒙古族人，仍認為偷竊是恥辱的行為。

正是有如此嚴厲的約束，西域各部落的人才不會去偷竊。

他們雖然不偷，但卻會去搶。在匈奴，人人都認為劫掠異族或其他部落是光榮的。每當秋高馬肥，便是匈奴人南下劫掠的時機。匈奴人認為公開搶奪是與別人共享草原物產，而偷竊卻是恥辱的，他們從來不做那樣的事情。

如此衡量一番，蘇武覺得偷走他羊群的，應該不是丁令人，既然偷竊是恥辱，搶是光榮，為何丁令人不明目張膽地來搶，反而悄悄偷走了他的羊群？

蘇武懷疑偷他羊群的人，是受狐鹿姑單于指使，來斷他後路的。

但是他很快又否定了自己的猜測，狐鹿姑是匈奴的單于，一群羊對他來說是小事，他不會為這樣的事操心。

想來想去，蘇武認為此事與衛律有關。衛律屢屢勸蘇武投降，但都以失敗告終，所以他在內心一直恨著蘇武，認為他之所以沒有功勞，正是蘇武這樣的「硬骨頭」擋了他的道，讓他無法實現心中計畫。於是乎，他便要斷了蘇武的路，讓他活不下去。蘇武的預感很準確，那件事就是衛律幹的。衛律此時已被封為丁令王，是他派人盜竊了蘇武的羊群，使蘇武陷入窮厄。他希望蘇武能夠投降，與他一起分擔天下人的羞辱和責罵。

衛律之所以要害蘇武，無非出於以下幾個原因：其一，報復蘇武，讓蘇武陷入孤獨無助的境地。先前，蘇武一直堅持不投降，在國家民族大義與個人德行方面，蘇武的高大，反襯了自己的卑瑣。

其二，欲借狐鹿姑單于之手，殺了蘇武。羊群全部丟失這件事，會授狐鹿姑單于以把柄，他極有可能以此為藉口殺了蘇武。這是衛律的最大目的。

其三，摧毀蘇武意志，逼他投降。衛律沒有想到蘇武能在北海這種蠻荒之地生存下來，而且，貌似還愈活愈好。衛律覺得蘇武的存在對自己是無形的威脅，所以要從精神上摧毀蘇武，在現實中把他一步步逼向死角，讓他再也無力相抗。

蘇武雖然高度懷疑是衛律所為，但並沒有有力的證據。況且，即使有證據又能怎樣呢？蘇武只能在黑暗中獨自歎息，任冰冷的雪花，一層一層覆蓋在身上。

李陵勸降

又過了幾年，於軒王留下的衣服，蘇武已經穿破，於是他又穿上獸皮衣服，像一個野人。

一個大雪天，飄飛的雪花中出現了一個熟悉的身影，待走得近了，他認出是李陵，他昔日朝中的同僚。李陵是漢朝飛將軍李廣的孫子，曾經與蘇武同為郎官，且私交甚好。

李陵的到來，讓蘇武十分震驚。為什麼李陵會出現在這裏？難道他投降了匈奴？

蘇武猜得沒錯，在他出使匈奴的第二年，也就是公元前九十九年，他被放逐北海後，李陵帶兵攻打匈奴大敗，投降了匈奴，如今已成為匈奴的右校王。在蘇武的追問下，李陵講述了他投降匈奴的過程。

蘇武被匈奴扣留的消息傳到漢朝以後，漢武帝震怒，決定派兵攻打匈奴。漢武帝讓李陵去擔任李廣利的西征軍後勤，年輕氣盛的李陵一看有仗打，便自請獨當一面，率五千人馬直接和匈奴交戰，以減輕西征軍開拔的壓力。但他不知道前面有數倍於他的匈奴兵埋伏，以致他在深入匈奴腹地後，被包圍了起來。但李陵終不認輸，與十萬匈奴作戰數日，亦不撤離。後來，李陵退入沼澤地，匈奴在外用火攻，李陵命士兵在裏邊放火，將蘆葦燒掉，外面的火便自行熄滅。

匈奴害怕這個青年人了，尤其是當他們得知他是飛將軍李廣的孫子時，以為李陵是神，遂打算撤退。但李陵運氣不佳，偏偏在這節骨眼上，一名部下投降了匈奴，向匈奴供出李陵外無援兵內無糧草的情況。一子落錯，全盤皆輸，這個叛徒改變了一支軍隊的命運走向，也導致李陵從此走上了另一條人生道路。匈奴復又殺來，李陵終因箭矢已盡、糧草已絕和援兵不到而大敗，他本人亦被匈奴俘虜。

匈奴勸李陵投降。李陵左思右想，決定假意屈服，以圖日後獲得機會東山再起。這是一步無可奈何而為之的棋，一旦他投降了匈奴，人們就會將他視為叛徒，家人也會將他視為家族的恥辱，他日後能不能東山再起難說，但他的名聲卻先壞了，尤其是李陵這樣的名將之後，走這一步就更難了。

投降匈奴後不久，一件意外的事再次把李陵推向命運谷底。匈奴中有一個叫李緒的漢朝降將，他死心塌地投降匈奴，一門心思為匈奴訓練軍隊，李陵看不下去，想找個機會除掉李緒。但他還未動手，一個陰差陽錯的消息卻傳到漢武帝耳中，有人誤把李緒說成李陵，說他在幫匈奴訓練軍隊。漢武帝大怒，誅滅了李氏家族，李陵的老母與妻子兒女在長安街頭被斬首。

在匈奴苦苦期盼著東山再起的李陵聽到了這個消息，如遭晴天霹靂，止不住淚如雨下。事到如今，李陵崩潰了——我李氏家族世代為朝廷效命，朝廷卻讓我們代代受屈，我為何還要效忠於你？

李陵的家族歷史，說來讓人痛心。他爺爺是飛將軍李廣，被稱作「李廣才氣天下無雙，自負其能，數與虜敵戰」。如此戰功赫赫的飛將軍，卻沒有封侯，六十多歲仍出兵征討，因軍中沒有嚮導而迷路，導致沒有參戰，後受不了這樣的屈辱，自殺於大漠中。司馬遷總結李廣的一生時說：李將軍樸實無華，不善言辭。他死的那天，天下無論認識與不認識他的人都衷心為他哀痛，可見他的忠貞之心多麼令人崇敬。衛青指責李廣乃出於軍紀，並非因其不討好自己。

李廣自殺後，官至丞相的堂弟李蔡侵佔景帝陵園前大道兩旁的空地，因而獲罪，應送交法吏查辦，李蔡不願受審對質，遂自殺，其封國被廢除。

李廣的三兒子李敢以校尉官職隨從驃騎將軍霍去病出擊匈奴左賢王，奮力作戰，奪得左賢王的戰鼓和軍旗，斬殺很多敵人，因而被賜封關內侯的爵位，食邑二百戶，接替李廣任郎中令。不久，李敢怨恨衛青使他父親飲恨而死，打傷了衛青，衛青把那件事隱瞞下來，沒有張揚。但衛青的外甥霍去病卻年輕氣盛，要為其舅舅報仇。過了不久，李敢隨從皇上去雍縣打獵，同行的霍去病，射死了李敢。霍去病當時正值顯貴受寵，皇上就隱瞞真相，說李敢死於鹿的撞擊，讓李家人深感恥辱與痛苦。

家族的冤屈減少了李陵投降的內疚，想在邊疆立功，振興家族的理想隨之破滅。他知道，一個人在複雜官場中去追求理想，有幾人能夠成功？我李氏家族代代積怨的原因就在這裏，現在，讓我做一次徹底的了結。

李陵索性真的投降了匈奴。

他心中的鬱悶無處排解：「那些爭權奪利、陷害忠良的奸佞臣子為何能身居高位，立於廟堂？」我李家世代忠良，從爺爺李廣開始，卻沒有一個人落得好下場，朝廷啊，我們對你忠，你卻對我們不義，我們這樣賣命圖什麼呀？

在匈奴，且鞮侯單于封李陵為右校王，將自己的女兒許配給他，這樣的生活是李陵從未想到的。妻兒和母親被朝廷斬殺，他在異域娶一個匈奴女子為妻，好歹算是有個家，至於右校王這個官職，李陵心裏是不怎麼在乎的。他的根還在漢朝，他骨子裏還是一個漢人。

雖然蘇武痛恨叛徒，但聽完李陵的講述後，卻保持了沉默。他深深理解李陵的悲苦，亦知道李陵投降匈奴，是無可奈何而為之，如果朝廷不斷李陵的後路，他又怎麼會在絕望中走這樣一條充滿屈辱的道路？

李陵告訴蘇武，匈奴的狐鹿姑單于也已經去世，現在的單于是壺衍鞮。狐鹿姑單于臨死前留下遺言：「我子少，不能治國，立弟右谷蠡王。」但他死後，衛律與顓渠閼氏合謀，未傳狐鹿姑單于的遺言，而假傳單于令，立狐鹿姑單于之子壺衍鞮為單于。

蘇武悲歎，當初為難要挾他的且鞮侯單于死了，後來的狐鹿姑單于又死了，現在的單于壺衍鞮少不更事，世事變幻無常，轉眼幾個春秋已來去，而他不知自己的放逐到何時才是盡頭。

蘇武聽李陵訴說完自己的悲苦遭遇，心中亦頗為難過與同情。轉而想到李陵能來這淒寒之地看望他，在那一刻，他淒苦的內心溫暖了很多。在北海這麼多年，很多人和事都變得模糊不清，常常要調動沉睡許久的記憶，才能變得清晰。

蘇武覺得，在北海的漫長歲月裏，自己的記憶與思念、忠貞與堅忍、夢想與失落、愛與恨，都在慢慢消失。在生命終結之前，軀體早已被掏空。但現在，李陵來了，他無比強烈地感覺到，自己業已變得空虛的內心，被注入了一股熱流。

這次李陵來北海，是壺衍鞮單于的安排。他聽說蘇武和李陵曾是好友，便讓李陵來北海勸說蘇武投降。

李陵很為難，在世人眼中，他是叛徒，縱然有千萬張嘴也無法分辯。說起漢朝在匈奴中的叛徒，在李陵前後有不少，在漢朝的聲名都不好。李陵也是其中一位，又如何能面對蘇武？

李陵本想對蘇武說明來意，但看見那根旄節上的毛已全部脫落，而蘇武仍將其抱在懷中，便心中一沉，到了嘴邊的話嚥了下去。那根光禿禿的旄節，猶如一隻巴掌，狠狠扇了他一記耳光——蘇武為何死死抱著旄節，李陵深知其意，亦覺得自己在蘇武面前顯得頗為猥瑣，怎有顏面勸蘇武投降？

蘇武為李陵投降了匈奴痛惜不已，所以此時面對李陵來訪，蘇武內心五味雜陳。他多麼想李陵只是出於友情，來看望昔日好友，並寬慰他孤獨的心。

那一刻的李陵，因為欲言又止，內心頗為複雜。他面前的蘇武，無悲亦無喜，像一塊石頭。北海的風再大，雪再冷，蘇武都巋然不動，能承受風雪，能承擔命運。

他是不會投降的。李陵內心已有答案，遂打消了勸降念頭。尤其是當他看見面前的蘇武衣著襤褸、面黃枯瘦，已形同野人時，便覺得作為昔日好友，不可再往蘇武傷口上撒鹽。

二人均知彼此心意，便很有默契地不說那些煩心事。李陵帶來了酒肉，他親自為蘇武撕下羊腿上的腱子肉，並倒上了酒。擺在面前的酒肉，對蘇武頗具誘惑，自從於軒王去世後，他已有好幾年沒喝過酒了。按說，李陵是他昔日好友，帶來的酒肉就是供他享用的，他完全可以大快朵頤，但他看到李陵複雜的表情，心下淒然，完全沒有胃口了。

李陵一再勸蘇武喝酒吃肉，二人邊吃邊聊，話題不覺間就談到蘇武這些年的生活，李陵聽蘇武訴說了這些年的困頓，不禁搖頭長歎，雙眼垂淚。

李陵投降匈奴後，且鞮侯單于念及他是名將之後，從未在生活上為難過他，反之卻以好酒好肉侍候他。當時在漢朝，人人都以為漢人到匈奴中，首先面臨的是飲食問題，其實不然，李陵投降後不久，就適應了匈奴的飲食，這些年下來，他的口味已經和匈奴人別無二致。

李陵因為想心事走神，但蘇武以為自己的話說得不妥，便不忍讓老友傷心，於是便說，其實也能吃到一些東西，譬如從洞穴中挖出野鼠儲藏的草籽，偶爾還會碰到尚存甘甜水份的果粒，不失為一種享受。

李陵聞之，不由得更傷心了。天底下有幾人能將這等遭遇視為享受？

蘇武勸李陵止住淚水，倆人默默喝酒，誰也不說一句話。

然而酒精慢慢讓二人興奮，話也多了起來。李陵仍為蘇武遭受的磨難而傷心，忍不住將壺衍鞮單于命他來勸降的事說了出來。此時的李陵，並非是勸蘇武背叛朝廷，背叛家人，死心塌地為匈奴所用。他只是覺得蘇武的遭遇，已到了人之極限，再堅持下去沒有任何意義。所以，他便勸蘇武早日結束精神苦役，使肉身不再受煎熬。

李陵說這一番話時，是以自己為參照的，他坦坦蕩蕩真投降時，曾將理想與現實做過冷靜衡量，他發現理想已化為幻影，便腳踏實地回歸現實，這其實是正視人生的現實。李陵有此經歷，所以對蘇武的勸告，可謂是情真意切。

蘇武並未生氣，也沒有像罵衛律那樣對待李陵，但他一句話也不說。他的沉默，其實就是對李陵的回答，只不過礙於面子，不好直接說什麼。他的沉默，也與他被困北海十餘年有關，在此期間，他鮮有與人對話、交流和傾訴的機會，所以，沉默已成為習慣。

沉默良久，李陵想再勸一勸蘇武，但他尚未開口，蘇武已從他目光中猜出他心意，以手勢制止住他，只說了兩個字：不降！

這兩個字，從一個沉默的人嘴裏說出，便猶如一座山突然崩裂，其動靜一定讓李陵吃驚。在那一刻，李陵在先前所做的準備，以及對蘇武的憐憫，渴望讓蘇武過上好日子的好意，都被這猶如落石般的兩個字擊得粉碎。

於是二人便又喝酒，不再談及投降之事。

李陵在北海盤桓了數日，雖然這一處並無風光可言，但是蘇武帶著他走過湖邊、走過遠處的林地，他從這些足跡中想像蘇武這些年在這苦寒之地的生活各種樣貌，如何挖取野鼠準備過冬所蘊藏的草籽，一片孤寂背景中蘇武彎腰拾取他口中所謂尚存水份的果子，在這樣一片孤寂的闃無人境的邊野，蘇武如何日復一日的度過，他深深的瞭解到這些年來蘇武心中積累的孤寂與淒苦。

他多麼想多陪陪好友。

那些天，他們談論以往在大漢朝廷的事，氣氛慢慢變得融洽，兩人像是在時光中開了一扇門，穿越了進去，回到過往那些熟悉而溫暖的場景。

李陵知道，蘇武已經是一個被遺忘的人，不論是在漢朝還是匈奴，沒有多少人記得他。但他卻牢牢記著朝廷當年賦予他的使命，並固執地認為，那使命的意義並沒有因為時間消逝、時代變遷，以及他被放逐北海而改變。反之卻因為他堅持了信念，表現出了不屈不撓的精神，以及長久期盼的堅忍，具有了涅槃意味。

蘇武亦不與李陵談論叛徒的話題，甚至避免談及匈奴，否則就會涉及李陵的生活。

蘇武的內心對李陵有複雜的情感。他不會指責李陵，亦不會埋怨或仇恨李陵，只是為他感到可惜。李氏家族即使只有李廣一位光芒閃耀的先祖，就足以鼓勵所有的後人為國盡忠，渴飲匈奴血，橫刀鎮邊關。但是李陵卻選擇了一條有悖祖先意志的道路，實在可惜。如果李陵在被俘當下寧死不屈，哪怕被匈奴殺死，也不想著往後從中再有奇襲突圍，也不會被世人恥笑。但是人各有志，李陵心如死灰，選擇了那樣一條路，而命運對他也有諸多的造弄，別人又有什麼權利說三道四呢？好在李陵投降後，並沒有像衛律那樣幹壞事，這一點很讓蘇武賞識。但這些話，蘇武同樣也不能對李陵說出，只是默默在心裏想。

慢慢地，他們二人便都明白，什麼話該說，什麼話不該說。他們是昔日好友，如今雖然身份已經大變，但彼此對對方的好感還在，友誼還在，都惺惺相惜，小心維護著在這苦寒之地，如同天賜一般的見面機會。

其實李陵此次來，還有一些話要對蘇武說，那是關於蘇武出使匈奴後，他家中發生的事。但是當他看到蘇武的生活後，卻無論如何都不忍心開口提及。

但是後來，李陵不忍再隱瞞了，因為他無法坐視蘇武在苦難的深淵中愈陷愈深，同時也覺得蘇武已為朝廷仁至義盡，在他家人遭受不公正對待後，理應清醒，不要再抱有盲目的幻想和盼望。在家人遭受朝廷不公正對待這樣的事情上，李陵的創傷之深，即使在他投降匈奴若干年後，也仍然難以癒合，每每想起一家老小的下場他的心中仍是刺心刻骨的痛。於是他問蘇武：你想不想知道，自你出使匈奴後，你家中所發生的事？

蘇武當然想聽，他自從出使匈奴後，便再也沒有得到家人的消息，想必家人也不知他如今的處境。現在終於可以知道家人的消息了，他十分激動，便催促老友快說。

但李陵在那一刻卻很為難，他憋了半天，才對蘇武說，其實都不是好消息，但我考慮再三，覺得我此生也許只來北海這一趟，我們此後見面機會恐怕不多，所以還是應該告訴你。

蘇武一聽李陵的口氣，便覺得情況不好，便再次催促李陵快說。

李陵說，你哥哥蘇嘉扶皇帝的車駕下殿階時，碰到柱子上，斷了車轅，被定為「大不敬」之罪。因羞憤難當，便當下舉劍自殺了，朝廷賜錢二百萬用以下葬。

蘇武聽到這裏，差一點跌倒在地。他在匈奴為朝廷守護尊嚴，難道朝廷一點也不念情，寬恕他哥哥半分？

你弟弟蘇賢和你哥哥一樣，都是運氣不好的人。有一天，他跟隨皇上去祭祀河東土地神，騎從的宦官與黃門駙馬（掌管皇帝侍從車輛的官員）爭船，把駙馬推入河中淹死，那宦官畏罪潛逃，你弟弟受命前往去追捕，沒有抓到，因害怕被定罪而服毒自殺。

李陵忍了忍，又對蘇武說，最後我要告訴你的，是我最不想說，你最不願聽的事情，但是話已經說到了這兒，我還是全部都告訴你吧。我在長安時，你母親在悲傷中鬱鬱而死，是我送葬到陽陵的；你的妻子因為家遭變故，加上等你無望，便改嫁他人；如今你的兩個妹妹，兩個女兒和一個兒子，過了這麼多年都沒有消息，生死不明……

李陵說得聲淚俱下，蘇武聽得悲痛欲絕，懷中的旄節差一點掉到地上。蘇武萬萬沒有想到，他走之後發生了這麼多始料未及的變故，他的家人在一場場災難中，猶如一片片落葉，被颳進了命運深淵。再剛烈的漢子，到了這時也會傷心，也會為家人遭受的不公而憤怒，但他把火發給誰呢？他想罵，又該罵誰？他想哭，但還有淚水嗎？

到了這種地步，蘇武悲痛得真想把那根旄節摔在地上，一腳跺成兩截，這個一直以來象徵他忠於大漢朝的心志、一直以來陪伴他度過這無窮寂寥的生命，現在看來居然是這麼荒謬可笑——自己這麼多年在這裏為朝廷堅守使命，家人卻落得如此悲慘的結局，這一切到底是為什麼？

是我錯了，還是朝廷錯了？

李陵趁機勸蘇武，我現在雖然已打消勸你投降之意，但面對這樣的事實，你又何必一意孤行？人生像早晨的露水，說散就散了，你何必這樣折磨自己！我剛投降時，終日若有所失，幾乎要發狂，痛心對不起朝廷，加上老母拘禁在保宮，你不想投降的心情，怎能超過當時的我呢！

李陵說的是心裏話，但此時的蘇武又怎能聽得進去。

李陵又說，如今皇上年紀大了，喜怒無常，法令隨時變更，大臣無罪而全家被殺的有數十家，安危不可預料。你還打算為誰守節呢？希望你聽從我的勸告，不要再堅持自己的信念了。

蘇武長歎一口氣說，我蘇武父子無功勞和恩德，都是皇帝栽培提拔起來的，我願意為朝廷犧牲一切。現在得到犧牲自己以效忠國家的機會，即使受到斧鉞和湯鑊之極刑，我也心甘情願效忠君王，就像兒子效忠父親，兒子為父親而死，沒有什麼遺憾，希望你不要再說了。

李陵見蘇武如此堅定，再也說不出什麼了。

蘇武內心亦有不忍，於是他對李陵說，我料定你對我勸降不成，單于必讓我死，與其那樣，不如趁著我們今天快樂，讓我死在你的面前。對於我而言，死在朋友面前，是最好的結局。

李陵拉住蘇武，慨然長歎道，「你是義士啊！我李陵與衛律的罪惡，上能達天！」說著說著眼淚直流下來，浸濕了衣襟。李陵自己覺得相較於蘇武實在太沒臉面了，對於蘇武這份絲毫無悔無所動搖的信念，更是佩服不已。

天下沒有不散的宴席，李陵要走了，面對老友，他的心情極為複雜，握著蘇武的雙手，心有不捨。

李陵走後，蘇武蹣跚行走在北海結冰的湖面上，長久向南凝望。有南歸的大雁飛過，他仰頭望上幾眼，復有淚水湧出。此時，他想返回長安的心情比任何時候都強烈。但是當他手一碰到那根旄節，心中便又一緊，他意識到自己必須在這裏堅持下去，雖然已經熬了十餘年，但他出使的使命，仍沒有結束，他必須等到有結果的那一天。

李陵回去後，心中掛念蘇武困境，但又覺得無顏再見蘇武，便讓妻子送過去數十隻牛羊。

榮歸受賞

時間並沒有隔斷李陵和蘇武的友情，幾年後，也就是公元前八十七年，李陵再次來北海看望蘇武。但凡李陵來，必然給他帶來新的消息。這次，李陵告訴蘇武，幾天前，匈奴人在邊界上抓住漢朝雲中郡的一名士兵，他向匈奴供出，近日漢朝太守以下的官吏和百姓，都穿白色喪服——漢武帝駕崩了。

這位賞識他派他出使的帝王、這位在他出使於外為國效忠時，並無好好安置他的家人的寡情帝王，這位武略蓋世的大漢帝王，就這樣走了。

蘇武聽到這個消息，面向南方放聲大哭。

李陵勸他節哀順變。蘇武想回帳篷中去，剛一轉身，便吐出一口鮮血。他是受漢武帝指派出使匈奴的，如今漢武帝駕崩，誰還能證明他一直為朝廷守節？那一刻，蘇武絕望了！他驟然覺得颳過來的風，似乎變成了大手，要把他拽入無邊的黑暗之中。

親人死了，蘇武是小悲；皇上死了，蘇武是大悲。如果永遠回不去，他所做的一切朝廷不知，無人銘記，到時候就只有自己與神明可曉，一腔忠心唯有蒼天可鑑。

少頃，蘇武安靜下來。到了這種地步，他只有一個信念——不管發生什麼事，我一定要回到漢朝。

從那天開始，蘇武每天早晚都面向南方，哭弔漢武帝。先前的漢武帝之於他，是精神的依靠，哪怕再苦再累，他都感覺踏實；但是現在漢武帝已乘鶴而去，他只有牢記漢武帝當年賦予自己的使命，才能堅持下去。

就這樣，蘇武堅持哭弔漢武帝數月。他的舉動無一人能夠看見，亦無法被朝廷得知。一個人的內心世界，被徹底暴露出來，只有兩種可能，要麼太過於瘋狂，要麼太過於孤獨。蘇武之舉，顯然屬於後者。

到了公元前八十七年，漢昭帝登基，漢朝秩序恢復如初，社會又慢慢穩定下來。這一年，世界平靜得像是靜止了一般。但這種平靜只是對於蘇武而言的，他像先前的十多年一樣，不在世界中心，亦不在世人的目光範圍內，所以沒有人會關注到他。而他所處的北海，又是一個閉塞的世界，他被囿於一地，哪怕能夠發出聲音，也傳不到外面去。所以，他不知道匈奴中發生了一件大事——壺衍鞮單于為了和漢朝搞好關係，與漢朝達成協議，要再度啟動和親政策。

這樣的變化，似乎只關乎國家和政治，與蘇武毫無關聯。這樣的變化很大，大到不會影響具體的某一個人，加之在國家的棋盤上，蘇武的名字尚未成為一枚棋子，所以無人能夠想起他。

但有一位即將改變蘇武命運的人，在蘇武毫不知情的情況下，在匈奴中開始悄悄行動了。

他就是常惠。當年蘇武被囚禁後，且鞮侯單于念及常惠並未參與那場內訌爭端，便未追究他的罪責，但仍是將他扣在了匈奴中。他的處境雖然比蘇武好很多，但也沒有自由，與囚徒無異。他一直盼望能返回朝廷，也盼望蘇武能夠從北海回來。然而一年又一年過去了，始終不見蘇武返回。他前後思量，認為匈奴當初之所以不殺蘇武，其目的是透過蘇武屈服，向漢朝顯示威風，所以他斷定蘇武還活著。他很瞭解蘇武的為人，知道他一定不會辱沒自己的使命，時刻等待返回漢朝的機會。正因為如此，在那十多年如囚徒的日子中，他一直在打聽蘇武的消息。

也許，李陵在此時起了關鍵的協助意義，他悄悄給常惠帶去了消息，告知蘇武仍在北海，並建議他想辦法與朝廷取得聯繫，讓朝廷出面營救蘇武。因為在當時的政治情況下，唯大漢朝廷給予匈奴施加壓力，匈奴才會有所讓步，這是營救蘇武的最好辦法。

常惠最終得到確切消息——蘇武被囚禁在北海。這一消息讓常惠特別興奮，在這十餘年歲月中，朝廷已經發生了翻天覆地的變化，而蘇武卻仍然在孤苦境地中堅持著自己的使命，真是讓人欽佩。

就在常惠得到蘇武的消息後不久，朝廷中終於有人想起，十餘年前漢朝派出的蘇武使團一行，至今未歸。朝廷立即派出使者前往匈奴，要求他們放回蘇武一行人等。朝中大臣屈指一算，已經十九年了，蘇武出使時四十歲，假設如今尚且還活著，也已經快六十歲了。有人擔心，身處苦寒之地，蘇武恐怕早已不在人世。

擔憂歸擔憂，但沒有確切消息，還是要找。

漢朝使者到了匈奴後，向壺衍鞮單于提出了尋找蘇武的要求，但壺衍鞮單于卻有顧慮。且鞮侯單于當年把事做得太絕，顯得匈奴無情無義，如果承認蘇武還活著，就會遭人詬病。他思前想後，認為這個傷口一旦揭開，匈奴便沒有了面子，甚至有可能讓漢匈再度交惡。所以，他要保守這個祕密，不讓漢朝使者知道。

但是漢朝使者死活不罷休，活要見人，死要見屍。

壺衍鞮單于十分無奈，便謊稱蘇武已死，想把這件難堪的事遮掩過去。但蘇武仍然在世的消息卻在匈奴中傳開了，知道的人愈來愈多。匈奴人疑惑，十九年前的那個倔強的漢朝使者，惹得當時的單于且鞮侯不高興，被遣去北海牧羊後，是否讓公羊產下了小羊？他們想起這件事便狂笑，如果公羊能產下了小羊，豈不是河水可倒流，鳥兒能潛入水底，魚能飛上樹去？他們認為且鞮侯單于在十九年前，便已把這件事做絕了，十九年後，誰也沒有挽回的機會。

此時的蘇武變得重要起來，無論是漢朝，還是壺衍鞮單于，都要緊緊將其抓住，進行一場博弈。漢朝方面一定會責問，蘇武已死，是死在匈奴中，此事你如何交代？但壺衍鞮單于已想好了對付漢朝的藉口，譬如，他會說匈奴並不想讓蘇武死，是蘇武身體不好，死於嚴寒。如此一來，這件事就會不了了之。

此時的蘇武，對此仍一無所知。

當常惠得知漢朝使者到了匈奴後，便暗下決心，一定要抓住這個機會，救蘇武脫離苦海。

一天晚上，常惠買通看守他的人，悄悄去見了漢朝使者，將蘇武還活著的消息告訴了使者。他們很著急，眼見得蘇武仍在北海受苦，卻不能將他救出，他們無論如何都不能罷休。但他們面對壺衍鞮單于的抵賴也無計可施，這一點很讓他們頭疼。思前想後，他們認為維持漢匈關係乃重中之重，便理智地壓住怒火，商量別的辦法。

常惠在匈奴多年，對匈奴習俗瞭如指掌，他靈機一動，想出藉「神」顯靈，給壺衍鞮單于施加壓力的辦法。

匈奴因為敬神，在歷史上發生過許多傳奇的故事。曾有一位單于，生下兩位女兒，貌美如花。單于認為這麼美麗的女兒，只有神能配得上，便在匈奴駐地西邊築一高台，將兩位女兒放置台上，請神自取。另有一事，耿恭被匈奴圍在疏勒（今新疆奇台，與其時的疏勒王國同名）城內，匈奴在城外斷其水源，欲將漢朝守軍困死在城內，耿恭從城內挖出水井後，提水在城牆上潑灑，匈奴頓時大驚，以為有神幫助漢朝守軍，遂後退數里，才惶惶然紮下營盤。還有一事，飛將軍李廣有一次戰敗，被匈奴人抓住抬往單于庭，欲領大賞。李廣假裝昏死過去，在半路得到機會，一躍而起殺了匈奴人，奪馬逃脫險境。李廣能在那樣的環境下逃脫，匈奴便以為他是神，以後在戰場上但凡聽到他的名字，便懼怕不向前，紛紛轉身而回。常惠堅信，匈奴如此相信神、懼怕神，其心理一定有脆弱之處，他正是要抓住這一要害，為營救蘇武創造條件。

常惠和使者商量一番後，由使者去見壺衍鞮單于，嚴厲責備他說，匈奴既然誠心同漢朝和好，就不應該欺騙漢朝。

壺衍鞮單于不知使者這番話從何講起，便讓他詳細說明原由。

使者說，我們大漢的皇上，近幾日在上林苑中射下一隻大雁，雁腿上拴著一封帛書，帛書上面有字，說蘇武還活著，就在北方的水草匯集之處。

壺衍鞮單于不知所措，僵在了那裏。

使者說，這一定是蘇武的忠義感動了神，神便派大雁替蘇武送出了消息。你怎麼說他死了呢？

壺衍鞮單于被「雁足留書」這一說法嚇壞了，他以為真的是蘇武的忠義精神感動了神，於是趕緊承認錯誤，向使者保證說，蘇武確實還活著，我們把他放回去就是了。

蘇武終於踏上歸程。

行前，李陵安排酒筵向蘇武祝賀。酒過三巡後，李陵神情黯然地說：「今天你歸返，在匈奴中揚名，在漢家朝廷中功績顯赫。即使古代史書所記載的賢良人物，都無法超過你！我李陵雖然無能和膽怯，假如朝廷寬恕我的罪過，不殺我的老母，給我一個立功贖罪的機會，我永遠也不會忘記漢朝的恩典，我也會肝腦塗地報答漢朝的。可是朝廷逮捕殺戮我的全家，我還能顧念什麼呢？算了吧，讓你瞭解我的心罷了！我已成異域之人，這一別就永遠隔絕了！」

在最後離別時，李陵起舞唱出一首離別之歌：

徑萬里兮度沙幕，為君將兮奮匈奴。路窮絕兮矢刃催，士眾滅兮名已潰。老母已死，雖欲報恩將安歸！

李陵老淚縱橫，同蘇武訣別。

壺衍鞮單于召集蘇武昔日的部下，除了已經投降和死亡的，僅剩九人，跟隨蘇武一起向長安出發。

十九年前出發時，蘇武四十歲，是意氣風發的中郎將；十九年後返歸，蘇武已是步履蹣跚的老人。但他對此時的朝廷一無所知，內心甚至隱隱產生了未能完成使命的負罪感。

蘇武一直視自己的使命為至高追求，苦苦熬了十九年，現在終於有機會返回長安。但歸途依然迢迢，無論他內心多麼不平靜，卻無一人可傾訴，唯有先回去，視實際情況再做打算。為此，他一步一步離開北海，頭頂上是灰色的天，身後是灰色的山，前面是在他內心已變得模糊的故鄉。那一路，他一步一步走出無邊的草原，一步一步走近大漢的關隘和驛站，最後終於看見了長安城。進入繁華的長安城，他看到了漢人的面孔和服裝，街道和房屋，起初覺得恍如隔世般的陌生，後來他內心的記憶被慢慢喚醒，才有了熟悉的感覺。那一刻，蘇武才真切感受到，自己終於回來了。

此時在長安城早就傳遍了他在匈奴的忠勇事蹟，城裡的人們讚揚他堅忍不屈的精神，朝廷已對他給予肯定，並做好了獎賞他的準備。進入長安城的蘇武，聞聽這一消息後，終於消解了這一路以來的疑慮，鬆了一口氣。

人們在長安街上迎接他，出現在人們面前的蘇武，鬍鬚和頭髮皆白，形如野人，但仍緊緊抱著那根旄節。

一人一旄，似乎已長成一體。

漢昭帝在朝堂上迎接著蘇武的歸來，看著眼前白髮斑斑的這個老者，他是用盡了壯年的大好時光，十九年在北海執著的苦守著這份使命。

這樣的志節是足堪以榮譽豐賜的。

昭帝下令蘇武官拜典屬國（外交接待禮儀的小官），俸祿中二千石；賜錢二百萬，官田二頃，住宅一處。

這雖然不能算是非常豐厚的賞賜，但卻也算是不錯的封賞，讓蘇武負責看管著邊域一帶的區域。

而常惠等人也都官拜中郎，賜絲綢各兩百匹。其餘六人因為年老而特賜返鄉，並賜錢十萬，終身免繇役。

至此，十九年的出使團終於返歸，並有了一個完滿的結束。

但又似乎不那麼完滿，畢竟最初派遣蘇武使節團出使匈奴的是漢武帝，如今回歸後已滄海桑田，當初的那個武略蓋世的帝王卻已不在。似乎在儀式上最好的完結，還少了那麼一個環節。

漢昭帝在朝堂宣詔，派遣蘇武前往武帝園廟祭拜。

那日，蘇武帶著祭品前往武帝的園廟，他深深的行跪拜之禮後，心中百般的情緒一湧而上，霎時淚眼婆娑的模糊了視線：「皇上啊！蘇武回來覆命了。」

他對長眠其中的帝王有崇敬、有愛慕、有知遇之恩亦有怨怒其寡情，當時他覺得這個崇高的帝王相信他的才能，授予他這樣重大的外交任務；同時他又是如此的寡情，對於他的兄弟居然這樣殘酷棄置。

而今他是回家了，但是他哪裏有家可言？母親早已亡故，兄長與長弟又因為細故而身亡，而他心愛的妻在他出使遭扣後即已改嫁，僅留下兩女一兒。家園殘破讓老年返歸的蘇武心中不勝唏噓，對於這一切的物是人非，對比北海恍然的十九年，更令他覺得不真實。

步履蹣跚的走出皇陵，身後的風捲起滿地的落葉。

這是他以十九年的光陰換取的結果。

而蘇武的坎坷卻不僅於此止步，接下來的政治風暴卻將無辜的他捲入其中。

蘇武十九年的忍辱歸返，朝中許多大臣為蘇武抱屈封賞的不公平。

這是朝堂中的一項隱隱的憂患，當時霍光主政，可以說是權傾一時，同時也引起了同是武帝遺臣的上官安父子的不滿，上官安以為蘇武抱不平為藉口屢次上書，並上書說道：「蘇武出使匈奴二十年不肯降。但回到漢朝後，只為典屬國；而霍光屬下長史楊敞並無功勞，卻被升為搜粟都尉。由此可知，霍光專權放肆。」

事實上，這牽扯的是一場政治的權力鬥爭。

上官安打算讓時年僅僅六歲的女兒上官氏做皇后，遭到霍光反對，於是轉而走蓋長公主的門路，後來他的女兒上官氏當上了皇后，成功實現目的後。上官家族為了回報蓋長公主的恩情，想將公主的情夫丁外人封為列侯和光祿大夫，這樁事卻被霍光駁回。

霍光此前又曾多次阻止上官家族其他親戚封官。雙方因而結怨，成為政敵。

此時的外朝領袖桑弘羊也因為與內朝領袖霍光意見相左，因此加入了上官安的反霍光一方。

桑弘羊在始元六年（前八十一年）的鹽鐵會議上與霍光發生政見衝突，又因為同年霍光任命自己親信楊敞為大司農，對於桑弘羊獨佔的財政大權有所威脅，讓桑弘羊憤而加入反霍光陣營。

於是，上官安父子聯合蓋長公主、燕王劉旦以及輔政大臣桑弘羊等共同結成反對霍光的同盟，假託燕王名義，趁霍光休假的時候向漢昭帝上書，誣陷霍光有不臣之心，並內外接應，做好準備打算一舉擒殺霍光。

說起來也不簡單，當時年僅十四歲的昭帝，卻能識破了他們的陰謀，不予理睬，並安撫霍光，且下令追查上書人的來歷，要予以懲處。

上官安等人見無法從昭帝處下手，便決定發動政變殺霍光，廢黜昭帝，立燕王為帝。但是後來計畫洩漏，霍光家族滅了上官安父子和桑弘羊，至於蓋長公主和燕王旦則以自殺收場。

此後霍光成為朝政實際上的決策者。

然而，這整件宮廷的爭權之戰對於蘇武卻有一個重大的影響，蘇武的兒子蘇元因參與這件陰謀，與燕王劉旦等人同罪遭到處死的判決。

不僅於此，朝廷大臣更追查這樁逆謀案的同謀者。由於蘇武與上官桀、桑弘羊有交情，燕王劉旦也因為蘇武功高而官小屢次上書，為蘇武打抱不平，加上其子蘇元參與謀反，於是廷尉上書請求逮捕蘇武。

但是睿智的霍光卻把奏章擱置，只將蘇武免官。

一個能為使命堅持十九年寒苦的人，豈是會這麼容易反叛朝廷的人？

霍光是相信蘇武的為人的，但是他的兒子確實參與了這場謀反，所以不得不論處他的罪責，因此罷免了他的官職也算是對政治上的交代。

老年喪子，又不明就裏的捲入這場政治案件，蘇武並無太大的情緒起伏，畢竟在北海的十九年歷練讓蘇武看淡很多世間事，「人世無常」這四個字深刻的駐紮在他的心底。

政治的風浪從來就不是那麼輕易的止息。

漢昭帝元平元年（前七十四年）夏四月癸未日，年僅二十二歲的漢昭帝忽然駕崩，他沒有子嗣。霍光迎立漢武帝孫昌邑王劉賀即位為帝，但是劉賀卻無法當一個正常的君王，即位後淫亂無道，在位僅僅二十七日霍光便報請上官太后廢除他。

在朝政混亂之際，霍光在民間尋得戾太子劉據的長孫，霍光同群臣商議後，決定從民間迎接武帝曾孫劉病已（後改名劉詢）繼承帝位。

昭帝元平元年（前七十四年），宣帝即位。這就是西漢第十位皇帝漢宣帝。

漢宣帝即位初，為了這些政治上的紛亂都以權力分配的問題起因，霍光表示要歸政於皇帝，但宣帝沒有接受，朝廷事務的決策仍先經過霍光過問再稟報皇帝。

當然漢宣帝並不是完全依附於霍光，他是因為即位之初尚未建立自己的威信，所以他不貿然的奪取霍光的權力。這時候，蘇武就成為了一項政治指標，他顯見的是霍光專政下受害者，因此蘇武再一次為政治所用。

在宣帝即位不久，封賞許多朝廷老臣，蘇武就在其中。

宣帝賜爵蘇武關內侯，食邑三百戶。

後來衛將軍張安世推薦蘇武，認為蘇武熟悉典章制度、並且出使持節不降，是個值得倚重的臣子。於是宣帝召蘇武在宦者署聽候宣召，多次覲見。拜右曹典屬國。因蘇武是德高望重的老臣，只令他每月的初一和十五日入朝，並尊稱為「祭酒」。

至此，蘇武又一次的提升了他的地位。

或許他始終是個指標式人物，他象徵了為人臣的「忠」，提升他就是等同提醒了為人臣的忠君的精神。

蘇武對於這些富貴榮華已經不上心了，這時他已經是一個七十多歲的孤苦伶仃的老人，所以將許多朝廷豐厚的賞賜都分送給舊時的鄰里，自己家中不留一點財物，朝廷中的許多大臣及皇親國戚都對蘇武非常的欽佩，其中最有名望的便是宣帝元配夫人許平君皇后的父親平恩侯許廣漢。

有一天宣帝與許廣漢在話家常，話席中提及了蘇武，覺得蘇武年紀那麼大又孤苦一人，宣帝突然一問：「蘇武在匈奴時間那麼久？有兒子嗎？」

許廣漢於是詢問了蘇武，此時的蘇武年歲已非常老，他想及了在匈奴的那些年、在北海放逐的那些年，唯一可以堪稱溫暖他的心的是一個異族女人的懷抱，他不曾想投降匈奴，儘管在疾苦的日子中添加了那一抹淡淡的甜，他也不曾想過要屈服匈奴，也沒打消回到漢朝的堅定意志，只是此時的蘇武已年邁，他的至親已無人在身旁，在繁華的城市中的孤寂不亞於北海荒漠的苦寂，他眼睛噙著淚，輕描淡寫緩緩地說：

「以前在匈奴發配北海時，曾娶得一名匈奴女子，她恰巧幫我生下一個兒子，名字叫通國。這些年來從匈奴那邊傳來消息，想通過漢朝使者的往返，用錢財與絲綢將他贖回來。」

許廣漢將這消息稟告了宣帝，宣帝念在蘇武年事已高，對國家又有功績，所以派遣使者前往匈奴將蘇武的兒子蘇通國贖回漢朝。

父子倆人在中原相見，唯有無語的相互擁抱。

宣帝看在蘇武勞苦功高，晚年僅有這一個兒子可以依靠，所以任命蘇通國為郎官。依照漢朝的官制而言，郎官可以隨時陪侍在皇帝身旁，許多人因為這樣的優越條件而飛黃騰達，但是蘇通國終其一生卻不曾因為此優渥條件而有所高升，而這個官位也是蘇武初出仕途時的官位。

宣帝神爵二年（前六十年），蘇武在家中安詳的離開人世，走完他這詭譎多變的一生，享年八十三歲。

在蘇武亡故後，漢宣帝將他列為麒麟閣（漢朝閣名，供奉功臣。）十一功臣之一，彰顯其不屈的節操。

蘇武可以說是一個為自己理念而堅定不移的人，當時出使匈奴不曾想過他一去會耗盡人生中壯年的大好時光，臨行時對愛妻說著：「生當復來歸，死當長相思」，然而他出使被扣的消息傳回中原時，他的妻子就頭也不回的改嫁了。

他抱持著一定要回到漢朝的心志，讓他在北海那樣的寒天苦地中生存下來，回來後，又捲入莫名的政爭事件，他的兒子蘇元也在這場謀反中身死，雖說兒子是為了他屈辱北海這麼多年矢志不降，回國後只被霍光封了一個小官，為此憤恨不平才會鑄此大錯。但是究其根源也在於蘇武本身具有一個代表性，讓單純的忠君、忠國精神被政治操作。

當然，蘇武的這份堅貞卓絕的忠的精神，以及那份堅忍不屈的毅力，成為後世多少代人精神的一把火炬，燃燒著那份炙熱的赤誠。

而今那幅一人一旄的身影，也深深地烙印在許多人的心中。

蘇武生平簡表

前一四六年（漢景帝中四年）

羅馬帝國滅迦太基。

前一四一年（漢景帝後三年）

景帝卒，太子劉徹繼位，是為漢武帝。西漢王朝進入鼎盛時期。

前一四〇年（漢武帝建元元年）

武帝用建元為年號，歷史上用年號紀年始於此。

前一三九年（建元二年）

張騫第一次出使西域，至元朔三年（前一二六年）歸。

前一三三年（元光二年）

漢誘匈奴入馬邑，未果。漢絕和親，漢、匈戰事再啟。

前一四〇年（漢武帝建元元年）

出生於杜陵（今陝西西安）。

前一二九年（元光六年）

匈奴入上谷，武帝遣衛青、公孫敖、公孫賀、李廣等四將軍各將萬騎分道出擊。衛青率軍直搗匈奴龍城，取得漢朝對匈奴主動進攻的首次勝利，賜爵關內侯。餘皆失利。

前一二七年（元朔二年）

匈奴入上谷、漁陽，武帝遣衛青、李息等擊之。俘獲敵人幾千名，牛羊竟達數十萬頭，驅走匈奴白羊王、樓煩王。衛青收復河南地，受封長平侯。

漢設置朔方郡，徙民十萬口充實朔方。

前一二四年（元朔五年）

匈奴右賢王騷擾朔方，武帝遣衛青率六將軍凡十餘萬人出擊。俘匈奴小王十餘人，俘虜男女一萬五千人，俘獲牲畜達上百萬。武帝遣使於軍中拜衛青為大將軍。

前一二三年（元朔六年）

二月，衛青出定襄，勝匈奴。斬首數千級而還。

四月，衛青復統六軍出定襄擊匈奴俘斬萬餘人。前將軍趙信敗降匈奴。右將軍蘇建敗，獨脫身還。霍去病率八百之騎，俘斬匈奴相國和當戶，兩千餘人。

前一一九年（元狩四年）

張騫再次出使西域（烏孫），至元鼎二年（前一一五）年歸，絲綢之路暢通。

前一一九年（元狩四年）

武帝遣衛青、霍去病各將五萬騎，分從定襄，代郡出。向漠北追擊匈奴，橫掃匈奴近九萬精銳。此戰之後，「匈奴遠遁，漠南無王庭」。

前一一七年（元狩六年）

霍去病卒。

前一一一年（元鼎六年）

漢平南越，俘呂嘉等。置南海、蒼梧、鬱林、合浦、交趾、九真、日南、珠崖、儋耳等九郡。

由酒泉分置張掖、敦煌。

前一一〇年（元封元年）

行均輸、平準，鹽鐵酒官營專賣，桑弘羊主其事。

前一〇九年（元封二年）

滇王降漢，賜其王印，置益州郡（治所在今雲南晉寧）。

前一〇八年（元封三年）

將軍趙破奴率輕騎俘樓蘭王，破車師。置樂浪、臨屯、玄菟、真番四郡。

前一〇六年（元封五年）

衛青病逝，葬於茂陵，謚曰「烈侯」。

前一〇五年（元封六年）

烏維單于死，其子兒單于繼位。

西域諸國遣使來漢，葡萄、苜蓿逐漸傳入中原。

前一〇四年（太初元年）

貳師將軍李廣利率軍出征大宛，次年敗退敦煌。

編定《太初曆》。

前一〇三年（太初二年）

將軍趙破奴擊匈奴，出朔方兩千餘里而還，中途全軍覆沒。趙破奴降匈奴。

前一〇二年（太初三年）

匈奴兒單于卒，叔叔呴犁湖單于嗣位。

前一〇一年（太初四年）

且鞮侯單于接任呴犁湖單于擔任匈奴單于。

前一〇〇年（天漢元年）

官至中郎將，出使匈奴。

冬天，被匈奴放逐北海，一人孤獨牧羊。

前九十九年（天漢二年）

貳師將軍李廣利出酒泉於天山攻匈奴右賢王，靠司馬趙充國血戰，得出重圍，漢軍死兩萬餘人。騎都尉李陵出居延，至浚稽山，兵敗，降匈奴。

司馬遷被下腐刑。

前九十七年（天漢四年）

西漢發兵擊匈奴，李廣利出朔方郡，韓說出五原郡，公孫敖出雁門郡。

漢武帝命屠李陵家。

日本崇神天皇即位，奉神器於大和遂自稱大和民族。

前九十一年（征和二年）

巫蠱之禍。

前九十五年（太始二年）

在北海遇匈奴於軒王。

前九十二年（征和元年）

於軒王病逝。

前九十年（征和三年）

李廣利受命出兵五原伐匈奴。兵敗，李廣利投降匈奴，漢武帝此後中止了與匈奴的戰爭，不復出兵。

前八十七年（後元二年）

漢武帝劉徹病逝，漢昭帝劉弗陵即位。

前八十五年（漢昭帝始元二年）

匈奴壺衍鞮單于即位。

前七十四年（元平元年）

漢昭帝駕崩，沒有兒子。霍光迎立漢武帝孫昌邑王劉賀即位，但二十七日之後就以淫亂無道的理由報請上官太后廢除了他。霍光同群臣商議後決定從民間迎接武帝曾孫劉病已（後改名劉詢）。

前八十一年（漢昭帝始元六年）

歸漢朝長安。

前八十年（元鳳元年）

子蘇元因參與陰謀被處死，受牽連被免官。

前七十四年（元平元年）

宣帝即位，先後賜爵關內侯、右曹典屬國。

前七十三年（漢宣帝本始元年）

斯巴達克斯起義爆發。

前七十一年（本始三年）

斯巴達克斯起義以失敗告終。

前七十年（本始四年）

龐培和克拉蘇共任羅馬執政官。

前六十六年（地節四年）

霍光一族遭到滿門抄斬，僅女婿金賞因告發謀反一事被赦免，皇后霍成君也被廢處昭台宮。

前六十年（神爵二年）

漢宣帝設立了漢朝對西域的直接管轄機構——西域都護府，結束了匈奴在西域長達百餘年的支配與影響。

前五十七年（五鳳元年）

呼揭王自立為呼揭單于，右奧鞬王自立為車犁單于，烏籍都尉亦自立為烏籍單于，是為五單于爭立時期。

凱撒征服比利時、高盧。

朴赫居世居西干建立新羅。

前六十年（漢宣帝神爵二年）

在長安病逝，享年八十三歲。

國家圖書館出版品預行編目 (CIP) 資料

蘇武 / 王族著 . -- 第一版 . -- 新北市 : 風格司藝
術創作坊 , 2020.01
面； 公分 . -- (嗨 ! 有趣的故事)
ISBN 978-957-8697-62-1 (平裝)

1.(漢) 蘇武 2. 傳記

782.821 108021455

嗨！有趣的故事

蘇武

作　　者：王　族
責任編輯：苗　龍

發　　行：知書房出版
出　　版：風格司藝術創作坊
235 新北市中和區連勝街 28 號 1 樓
電　　話：(02) 8245-8890

總 經 銷：紅螞蟻圖書有限公司
台北市內湖區舊宗路二段 121 巷 19 號
電　　話：(02) 2795-3656
傳　　真：(02) 2795-4100
http://www.e-redant.com

版　　次：2021 年 1 月初版　第一版第一刷
訂　　價：180 元

ISBN 978-957-8697-62-1 Printed inTaiwan